Francis Thiong'o

Quadro para a implementação do sistema de referenciação eletrónica da saúde dos doentes

Francis Thiong'o

Quadro para a implementação do sistema de referenciação eletrónica da saúde dos doentes

ScienciaScripts

Imprint
Any brand names and product names mentioned in this book are subject to trademark, brand or patent protection and are trademarks or registered trademarks of their respective holders. The use of brand names, product names, common names, trade names, product descriptions etc. even without a particular marking in this work is in no way to be construed to mean that such names may be regarded as unrestricted in respect of trademark and brand protection legislation and could thus be used by anyone.

Cover image: www.ingimage.com

This book is a translation from the original published under ISBN 978-3-330-33176-1.

Publisher:
Sciencia Scripts
is a trademark of
Dodo Books Indian Ocean Ltd. and OmniScriptum S.R.L publishing group

120 High Road, East Finchley, London, N2 9ED, United Kingdom
Str. Armeneasca 28/1, office 1, Chisinau MD-2012, Republic of Moldova, Europe
Printed at: see last page
ISBN: 978-620-8-25157-4

RESUMO

É realizado um estudo sobre a utilização das TIC no sector da saúde, com especial incidência no desenvolvimento de um quadro de encaminhamento eletrónico para o intercâmbio de informações sobre doentes entre estabelecimentos de saúde, a fim de assegurar a continuidade dos cuidados prestados aos doentes. Começa-se por delinear o contexto da estrutura de cuidados de saúde do Quénia. Uma primeira observação mostra que existe um desequilíbrio na distribuição dos prestadores de cuidados de saúde, nomeadamente nos hospitais públicos, e que os procedimentos são manuais. Além disso, os hospitais são geridos como unidades individuais, sem partilha de informação entre eles, o que resulta na descontinuidade dos cuidados e, consequentemente, em cuidados altamente ineficientes para os doentes, uma vez que a continuidade dos cuidados não é assegurada e os custos dos cuidados são elevados. A literatura sobre o papel estratégico das TIC nos cuidados de saúde é analisada com referência às tecnologias de saúde em linha actuais e emergentes. Esta análise mostra que os desafios em termos de custos e de qualidade dos cuidados de saúde podem ser ultrapassados se os serviços forem prestados por via eletrónica. No entanto, os sistemas de informação sobre cuidados de saúde serão adaptados a cada hospital, com base nos resultados da avaliação das necessidades. Os principais desafios à prestação de cuidados de saúde electrónicos incluem normas, proteção de dados, confiança, segurança, custos e falta de competências em matéria de TIC.

O estudo revelou que a maioria dos estabelecimentos de saúde pública não utiliza ferramentas TIC para gerir os dados e as informações de saúde dos pacientes. Em contrapartida, alguns hospitais privados com fins lucrativos instalaram pacotes de software para acompanhar as transacções locais no âmbito das actividades administrativas e da gestão dos recursos. Tanto nos estabelecimentos de saúde públicos como nos privados, é processada muito pouca informação médica e a maioria dos registos ainda é mantida manualmente e arquivada em papel. Para responder a estes desafios, o investigador propôs um quadro para o encaminhamento eletrónico de doentes, a fim de melhorar a integração dos cuidados primários e especializados através de uma interface comum. O quadro proposto constitui um ponto de partida para trabalhos futuros destinados a resolver a ineficiência do sistema de referenciação.

ÍNDICE DE CONTEÚDOS

SAIR

Gostaria de agradecer à minha mulher Phyllis e aos meus dois filhos Daniel e Joseph pelas suas constantes orações e apoio ao longo dos meus estudos.

Gostaria também de agradecer aos meus supervisores, o Sr. Peter Mutahi e o Dr. Peter Waiganjo Wagacha, pela sua estreita colaboração ao longo do projeto.

List of Acronyms and Abbreviations

ICT	Information and Communications Technology
ANSI	American National Standards Institute
HL7	Health Level Seven
CPR	Computer-based Patient Record
EHR	Electronic Health Record
EMR	Electronic Medical Record
EPR	Electronic Patient Record
NGO	Non Governmental Organization
KHPF	Kenya Health Policy Framework
WAN	Wide area network
PDA	Portable Digital Assistant
ASTM	American Society for Testing and Materials
HCRN	Health care record number
EPR	Electronic patient record
TCP/IP	Transport control protocol/Internet protocol
EPHI	Electronic public health information system
HMIS	Health management information system
IT	Information Technology
IS	Information system
HIS	Health information system
E-HIMS	Electronic Health Information Management System
MOH	Ministry of health

CAPÍTULO 1: INTRODUÇÃO

. Introdução

Este capítulo explica os seguintes pontos: contexto da investigação, motivação, objetivo principal da investigação e questões de investigação.

Contexto da investigação

O aparecimento das tecnologias da informação e das telecomunicações (TIC) desencadeou uma revolução da informação que conduziu à sociedade da informação em que vivemos atualmente (Rindfleisch, 1997). Transformou as funções das empresas (Schiefer, 1999), alterando a forma como estas processam e utilizam a informação que resulta das suas actividades diárias ou que lhes é fornecida por outras fontes. De facto, quase todos os sectores da economia são afectados de alguma forma pela utilização das tecnologias da informação (Reima, 2002). As tecnologias que as acompanham, como a World Wide Web (www) e a utilização crescente da Internet, conduziram ao comércio eletrónico e aos negócios electrónicos no comércio (Chaffey, 2002), dos quais o sector dos cuidados de saúde beneficiou ao quebrar as fronteiras do tratamento, conduzindo aos cuidados de saúde electrónicos (Brown, 1995).

O sector dos cuidados de saúde, como qualquer outro sector de serviços, sofreu alterações nas suas infra-estruturas e na sua abordagem aos cuidados de saúde. Há uma necessidade crescente de melhorar a eficiência e reduzir os custos no sector dos cuidados de saúde, e as TIC oferecem a solução para dados fiáveis, consistentes e atempados, uma vez que o sector é um negócio de informação intensiva (Anderson, 1997). Os doentes exigem melhores serviços e estão mais conscientes dos seus direitos, por exemplo, o direito aos seus dados clínicos (Feschi marius, 2002). Além disso, os prestadores de cuidados de saúde enfrentam uma concorrência muito forte, pelo que procuram formas baseadas nas TI para obterem uma vantagem competitiva, diferenciando-se e reduzindo os custos (Yiannis *et al.*, 2002).

Este trabalho descreve a investigação no domínio dos cuidados de saúde electrónicos (eHCD). Em particular, a investigação centra-se na avaliação da viabilidade do desenvolvimento de um quadro para a implementação de um sistema de encaminhamento eletrónico de doentes que permita a utilização eletrónica e o intercâmbio de informações sobre doentes entre instituições de cuidados de saúde.

Motivação

O sector da saúde é uma parte importante da nossa sociedade, prestando serviços de que todos necessitam. Quase todos os serviços prestados no sector da saúde são centrados no doente. Outros sectores de serviços, como a banca e o comércio eletrónico, utilizaram as tecnologias TIC para fornecer serviços convenientes, eficientes e centrados no cliente. Em contrapartida, a difusão das TIC no sector dos cuidados de saúde é mínima e tem ficado teimosamente para trás durante muitos anos.

No sector bancário, os caixas automáticos e os sítios Web em linha permitem aos clientes efetuar operações bancárias quando e onde quiserem, com a certeza de que os seus dados pessoais estão protegidos. Os bancos também informam os seus clientes sobre actividades sensíveis nas suas contas e recordam-lhes os prazos de pagamento. Estas ferramentas de fácil utilização dependem de uma infraestrutura de informação segura e transparente que permita o intercâmbio de dados entre empresas e entre fronteiras nacionais. No sector retalhista em linha, empresas como a Amazon.com oferecem não só opções de compra convenientes, mas também recomendações de compras personalizadas com base em compras anteriores ou na seleção de outros clientes que tenham demonstrado interesses semelhantes. Isto depende da capacidade de recolher e analisar dados a nível individual e populacional. A Amazon também oferece um mecanismo para que os vendedores de livros em segunda mão ofereçam os seus produtos no seu sítio Web - um processo possível, em parte, porque existe um formato comum (normas de interoperabilidade, tecnicamente falando) para a informação apresentada aos clientes.

Durante uma visita inicial ao Hospital Distrital de Thika, verificou-se que o hospital estava dividido em sete departamentos, incluindo registo e informação, consulta, enfermagem e tratamento, VCT, farmácia, laboratório e finanças. Todos os departamentos são interdependentes em termos de troca de informações.

Existe uma grande procura de informações sobre saúde hospitalar. Os utilizadores desta informação são os seguintes;

Ministério da Saúde Pública e do Saneamento e Ministério dos Serviços Médicos.

Doadores e parceiros como o ICAP, Afya2 e a Cruz Vermelha, entre outros. Eles apoiam o hospital através da prestação de apoio profissional e da contratação de pessoal hospitalar.

O público precisa de ser informado, especialmente quando ocorre uma doença. É um processo bidirecional.

A administração do hospital necessita de dados para efeitos de gestão.

O Serviço de Registos e Informações Sanitárias presta uma série de serviços, tais como consultas, registo de pacientes externos e emissão de cartões de identificação, consulta de cartões de identificação, consulta de registos, registo de admissão, registo de óbito, marcação de consultas, abertura de um processo de consulta, verificação de registos médicos e verificação de nascimentos/óbitos.

Na primeira fase da recolha de dados, os dados são recolhidos manualmente nos registos de admissão e de doentes, nas fichas de ambulatório e nos registos de hospitalização. Também são utilizadas entrevistas pessoais como método de obtenção de informações. Ocasionalmente, são também utilizados e-mails para enviar relatórios ou receber feedback. Existe um registo informatizado no qual são armazenados alguns dados dos doentes, como o nome, o sexo, a idade, o local de residência e o número único do doente. Os restantes dados dos doentes são armazenados e geridos em ficheiros físicos. Existe um sistema eletrónico de gestão da informação de saúde (E-HIMS) que é utilizado para gerir os registos de saúde, por exemplo, para transmitir os registos dos doentes a serviços como o laboratório. Uma vez efectuados os exames laboratoriais, os resultados são devolvidos ao sistema para serem armazenados. No entanto, alguns serviços como a consulta, o tratamento e a farmácia ainda não estão activados no sistema. O sistema é também utilizado para gerir os procedimentos hospitalares, como o sistema de recibos.

A primeira observação mostra que os registos de saúde são mantidos principalmente em ficheiros físicos e não em suportes electrónicos. Revela igualmente que a análise e a comunicação de informações de saúde estão parcialmente informatizadas e limitadas a determinados serviços prestados no hospital. Tendo em conta o que precede, a prestação global de serviços é principalmente prejudicada por atrasos na prestação de informações aos doentes devido à deslocação dos registos de um local de tratamento para outro, à transferência de registos, à falta de pessoal, à perda de registos e à burocracia.

O apoio das TIC à prestação de serviços é mínimo no hospital. A ferramenta de TIC mais utilizada é o telefone e as comunicações móveis para fazer perguntas e esclarecer informações sobre os doentes provenientes de outros departamentos do hospital.

Neste capítulo, a secção 1.3 descreve o potencial das TIC nos cuidados de saúde. A investigação propriamente dita é resumida nas secções 1.4 e 1.5, seguindo-se a estrutura do trabalho na secção 1.6.

Definição do problema

O acesso a especialistas é um desafio, particularmente em zonas com recursos limitados. O problema é agravado por procedimentos de encaminhamento manuais deficientes, que são incómodos, confusos e ineficazes. Não é raro que os doentes sejam encaminhados para um especialista sem informação suficiente sobre a sua doença, sem exames prévios ou sem perguntas claras a fazer ao especialista. Estas referenciações mal planeadas e preparadas resultam em visitas de especialistas desperdiçadas ou ineficazes, reduzindo ainda mais o acesso aos cuidados especializados e comprometendo a qualidade dos cuidados.

Justificação

As limitações do processo de referenciação burocrático baseado em papel incluem: falta de acompanhamento das referenciações e dos resultados, normalização limitada, extenso acompanhamento em papel pelo pessoal, informação insuficiente para os especialistas e falta de feedback profissional para os prestadores de serviços de referenciação.

Para os doentes, o processo de referenciação é longo e fastidioso.

TIC e cuidados de saúde

O sector da saúde está a passar por uma revolução em que as tecnologias da informação e da comunicação (TIC) desempenham um papel cada vez mais importante (Raghupathi, 1997 & Daly, 2003). Atualmente, mais do que nunca, as capacidades das TIC são procuradas pelas instituições de saúde (Haux et al. 2002). Em muitos países e comunidades em desenvolvimento, as TIC estão a ser utilizadas para facilitar a consulta, o diagnóstico e o tratamento à distância, a colaboração entre os próprios médicos, a investigação médica e a eficiência administrativa dos sistemas de saúde pública (Johan, 2002). Para além destas vantagens, Albert (2002) considera que a parceria entre o sector da saúde e as TIC é essencial, nomeadamente para ultrapassar a escassez de profissionais de saúde através da telemedicina. As TIC oferecem também um canal eficaz e pouco dispendioso para a divulgação de informações sobre cuidados de saúde e prevenção de doenças ao público em geral e permitem novos métodos de colaboração entre profissionais de saúde e doentes. A extensão da prestação de cuidados de saúde através da Internet e da Web está a dar origem à saúde em linha, que se está a tornar rapidamente a norma para cuidados de saúde de qualidade (Ryan et al., 2001).

Em comparação com outros sectores, como a banca, as companhias aéreas e a indústria transformadora, a introdução das TIC nos cuidados de saúde regista um atraso de 10 a 15 anos (Raghupathi, 1997), mas esta situação está a mudar rapidamente devido aos seus benefícios inigualáveis. A introdução das TIC nos cuidados de saúde varia de país para país. Enquanto a indústria de outros países gastou entre 12 e 16 mil milhões de dólares em 1996 na introdução das TIC nos cuidados de saúde (Raghupathi, 1997), o governo queniano ainda não o fez. A despesa pública do Quénia com a saúde representa 6% do PIB (NHSSP 1999-2004), dos quais 70% são gastos em salários dos prestadores de cuidados de saúde e outros benefícios, deixando uns escassos 30% para financiar serviços de saúde diretos. Devido a esta limitação financeira, a introdução das TIC nos cuidados de saúde no Quénia pode demorar algum tempo. No entanto, os hospitais privados estão a tirar partido destas deficiências dos hospitais públicos para ganhar vantagem (Raghupathi e Tan, 2002), tanto nos países desenvolvidos como nos países em desenvolvimento.

Haux *et al* (2002) prevêem que o sector da saúde estará totalmente integrado na sociedade da informação até 2013, argumentando que, sem as TIC na prática, os médicos não podem prestar cuidados adequados aos doentes. No entanto, de acordo com o documento da Organização Mundial de Saúde (OMS), a introdução das TIC nos cuidados de saúde em linha não traz automaticamente os benefícios da eficiência e da eficácia. Pelo contrário, a introdução deve ser uma resposta à necessidade real de apoio das TIC nos cuidados de saúde.

Mesmo depois de um plano diretor de saúde em linha, o êxito das TIC na transição dos cuidados de saúde para um sistema de saúde em linha deve ser acompanhado de mudanças ordenadas para apoiar todas as funções essenciais dos cuidados de saúde. Por conseguinte, a organização de cuidados de saúde em causa deve efetuar uma análise exaustiva das necessidades antes de se lançar num projeto deste tipo.

Objetivo da investigação:

Desenvolvimento de um quadro para a introdução de um sistema eletrónico de encaminhamento de doentes.

Questões de investigação :

Que tecnologias e implementações de TIC estão disponíveis agora e no futuro para gerir os dados e a informação sobre a saúde dos doentes nas unidades de saúde do Quénia?

Qual é a opinião dos prestadores de cuidados de saúde sobre a utilização de ferramentas TIC para processar dados e informações sobre a saúde dos doentes nas unidades de saúde do Quénia?

Em que medida estão as unidades de saúde do Quénia preparadas para introduzir um sistema de saúde em linha?

Que modelos de gestão dos dados e informações de saúde dos doentes são adequados para as instituições de cuidados de saúde do Quénia?

Após a análise dos resultados do inquérito, a investigação visa identificar os desafios que se colocam à recolha de dados clínicos e ao fluxo de informação entre os prestadores de cuidados de saúde, bem como as possibilidades de desenvolver um quadro para a implementação de um sistema eletrónico de encaminhamento de doentes adaptado às instituições de saúde quenianas.

Estrutura da tese

Este trabalho está dividido em seis capítulos. O primeiro capítulo apresenta uma introdução à investigação. O capítulo 2 analisa a prestação de serviços de saúde no sistema de cuidados de saúde primários e no sistema de cuidados de saúde privados. Apresenta também o enquadramento político e jurídico da prestação destes serviços. O capítulo também analisa a literatura sobre as práticas actuais de prestação de serviços de saúde assistidos por computador e identifica as melhores práticas e os principais desafios. O contexto histórico dos MHIS no Quénia e os desenvolvimentos recentes no domínio dos MHIS são também delineados. O Capítulo 3 descreve a metodologia de investigação, seguida de uma análise dos resultados da investigação no Capítulo 4. O Capítulo 5 discute o modelo de sistema proposto. Seguem-se as recomendações e conclusões no Capítulo 6.

CAPÍTULO 2: REVISÃO DA LITERATURA

Introdução

Este capítulo apresenta as teorias e os conceitos da investigação, retirados de vários trabalhos da literatura relevante.

Prestação de serviços de saúde

Introdução

O sector da saúde é uma parte importante da nossa sociedade, prestando serviços de que todos necessitam. De facto, poucas pessoas conseguem imaginar ter estado alguma vez dentro de um consultório médico ou de uma farmácia (Haux et al., 2002). Quase todos os serviços prestados no sector da saúde são centrados no doente (Smits e Pijl, 1999). Um dos deveres de qualquer Estado é cuidar da saúde dos seus cidadãos e, consequentemente, na maioria dos países, a maior parte dos serviços de saúde é prestada pela legislação como parte do sistema público de saúde, embora o sector privado tenha ganho terreno considerável na oferta de tratamentos específicos e de serviços melhorados (Reima e Jarmo, 2002). As estruturas organizacionais dos serviços de saúde são relativamente semelhantes nos sectores público e privado. A principal diferença entre eles reside na forma como estes serviços são prestados e nos recursos que lhes são afectados. Para cada sector de serviços, é importante estabelecer um equilíbrio entre a procura e a oferta de serviços (Michael et al. 1997). No sector da saúde, este equilíbrio é alcançado através da relação entre os prestadores de serviços e os doentes.

Nesta secção, as estruturas e funções dos centros de saúde no Quénia são descritas na secção 2.1.2. A classificação dos serviços de saúde é descrita na secção 2.1.3. A regulamentação dos serviços de saúde é descrita na secção 2.1.4, seguida de uma avaliação crítica da função de prestação de serviços na secção 2.1.5 e de uma conclusão na secção 2.1.6.

Estrutura e funções dos centros de saúde

De um modo geral, as estruturas governamentais nacionais e locais desempenham um papel essencial na organização do sistema de saúde (Reima e Jarmo, 2002). No Quénia, o sector da saúde é constituído pelo sistema público de saúde, cujo principal interveniente é o Ministério da Saúde (MS). Os outros actores são as organizações não governamentais (ONG), a missão e o sector privado. Os serviços de saúde são prestados por uma rede de 4200 estabelecimentos de saúde, 51% dos quais fazem parte do sistema público de saúde (NHSSP 1999 - 2004).

O sistema de saúde está estruturado em forma de árvore, com o Hospital Nacional Kenyatta (Kenya Health Policy Framework) no topo. É a principal instituição de transferência, de investigação médica e de ensino. O hospital nacional é seguido pelos hospitais provinciais, localizados nas sete províncias do país. Os hospitais distritais vêm muitas vezes logo a seguir. Tanto os hospitais provinciais como os distritais oferecem serviços de referência e de ambulatório. Entretanto, os centros de saúde e os dispensários constituem o nível mais baixo de cuidados de saúde e proporcionam o primeiro contacto com a população. O sistema público de saúde é complementado por prestadores de serviços de saúde não governamentais e privados. Os serviços de saúde pública são financiados pelo Ministério da Saúde, por indivíduos através de uma iniciativa de partilha de custos e pelo Fundo Nacional de Seguro de Saúde Obrigatório (FNAM).

Serviços de saúde

Os serviços de saúde no Quénia dividem-se em duas categorias principais: serviços de saúde curativos e serviços de saúde preventivos. Os serviços curativos são prestados pelo governo e por ONG privadas. Os serviços de prevenção são prestados pelo governo, por ONG, por missões e, em menor grau, por iniciativas privadas.

Serviços básicos

Os cuidados de saúde primários são essencialmente prestados a nível comunitário em centros de saúde ou em clínicas privadas geridas por médicos de clínica geral independentes ou por especialistas empregados pelo Estado, que também trabalham em consultório privado. Estas clínicas privadas funcionam como portas de entrada para os cuidados de saúde especializados ou para os hospitais. Os doentes dirigem-se primeiro ao médico de clínica geral, que os encaminha para o hospital ou para os cuidados de saúde especializados. No Quénia, as unidades de saúde não estão ligadas por um sistema de informação que permita o intercâmbio de dados dos doentes. Consequentemente, em caso de encaminhamento, o processo de tratamento na unidade de saúde secundária ou terciária é recomeçado, o que provoca atrasos e, por vezes, mortes "prematuras" (NHSSP, 1999 - 2004).

Serviços de cuidados privados

De acordo com Reima e Jarmo (2002), na maioria dos países industrializados, os cuidados de saúde privados complementam o sector público da saúde. No Quénia, os serviços de saúde privados são prestados por ONG, hospitais de missão e outros estabelecimentos de saúde privados. O mercado do sector privado tem sido lento a estabelecer-se, principalmente devido ao grande papel desempenhado pelos serviços públicos, que conduz a um excesso de trabalho e a serviços de má qualidade. De acordo com o Quadro de Política de Saúde do Quénia (KHPF), o sector privado cobre mais de 40% da procura de serviços de saúde no país. As companhias de seguros de saúde e os empregadores escolhem os serviços do sector privado para os seus empregados porque a qualidade dos serviços e a eficiência aumentam ainda mais esta percentagem. Outra razão pela qual o sector privado compete com o sector público é a sua gestão eficiente e os seus modelos empresariais modernos, incluindo a abordagem baseada nos recursos (Reima, 2000).

Os serviços de cuidados mais frequentemente oferecidos no sector privado são os médicos especialistas, os dentistas e os fisioterapeutas, bem como os serviços de saúde para os trabalhadores.

Repartição dos prestadores de cuidados de saúde

De acordo com a KHPF, a distribuição atual do pessoal de saúde não é equitativa. Existe uma concentração de profissionais de saúde nas zonas urbanas, o que não corresponde à distribuição da população. Nas principais zonas urbanas do Quénia, onde vivem cerca de 12% da população, há 375 pessoas em posições-chave, em comparação com menos de 90 nas zonas rurais, onde vivem cerca de 88% da população. Consequentemente, os prestadores de cuidados nas zonas rurais estão sobrecarregados, em detrimento da qualidade. No entanto, esta situação não se verifica nos hospitais privados, que são mais bem pagos do que o sector público.

Regulamento relativo aos serviços de saúde

O NHSSP confia o mandato geral de promoção da saúde ao Ministério da Saúde, em conformidade com a Lei da Saúde Pública (Cap. 242) da legislação queniana, que é complementada por várias leis secundárias que tratam de áreas específicas da prestação de serviços de saúde. O Ministério é assistido na gestão dos serviços de saúde por vários organismos e conselhos que regem o desempenho das unidades de saúde e do pessoal de saúde em geral. O Ministério é responsável pela formulação de estratégias, pela definição e aplicação de normas e pela mobilização de recursos para o desenvolvimento dos serviços de saúde. Os níveis provincial e distrital desempenham um papel importante na implementação de programas de saúde e na prestação de serviços de saúde.

A política de saúde está definida no quadro da política de saúde do Quénia, que estabelece que o objetivo geral da política de saúde até 2010 é melhorar a saúde de todos os quenianos através de uma reestruturação orientada do sector da saúde para tornar todos os serviços de saúde mais eficazes, acessíveis e económicos.

Avaliação crítica das funções dos cuidados de saúde

As funções dos cuidados de saúde são avaliadas de forma crítica com base na organização dos serviços e na eficácia do processo de prestação, na disponibilidade dos serviços e na regulamentação da prestação de serviços.

Organização dos serviços e eficácia da oferta

A distribuição hierárquica das instalações de cuidados de saúde torna-as acessíveis a todos, embora tal seja comprometido pelo desequilíbrio entre os prestadores e os requerentes de cuidados. A eficiência da prestação de serviços é comprometida pelos atrasos causados pela transferência dos registos dos doentes de um local de prestação de cuidados para outro.

Regulamentação dos serviços de saúde

Embora o governo esteja a envidar todos os esforços para prestar cuidados de saúde de qualidade a todos os quenianos, muitas instalações de saúde públicas estão em mau estado, enquanto muitas instalações privadas não cumprem as normas previstas. Não existe um sistema de avaliação da qualidade dos serviços de saúde. Por conseguinte, o bem-estar do público em geral está provavelmente em risco.

Conclusão

O governo, através do sector público da saúde, desempenha o papel principal na prestação de serviços de saúde aos seus cidadãos. Embora as ONG, as missões e o sector privado da saúde complementem os serviços públicos de saúde, a sua contribuição representa 50% das necessidades totais de cuidados de saúde. Embora o Ministério da Saúde se esforce por prestar serviços de saúde da forma mais eficaz e eficiente possível, há áreas em que podem ser introduzidas melhorias, nomeadamente no que diz respeito ao sistema eletrónico de informação sobre saúde. Pode ser utilizado um modelo de sistema adequado para recolher, armazenar, aceder, transmitir e processar dados de saúde específicos dos doentes, incluindo dados clínicos, administrativos e biográficos. Isto reduzirá os custos da prestação de serviços.

A secção seguinte examina o papel estratégico das TIC nos cuidados de saúde.

O papel estratégico das TIC nos cuidados de saúde

Introdução

Nos últimos anos, as tecnologias da informação e da comunicação (TIC) têm sido cada vez mais utilizadas para melhorar a qualidade dos cuidados de saúde, tanto nos países desenvolvidos como nos países em desenvolvimento (Smith e Preston, 2000). Observou-se também que a responsabilidade pelos cuidados de saúde passou de um médico para um paradigma de cuidados partilhados, em que um doente passa por vários prestadores de cuidados de saúde durante uma única consulta (Fieschi, 2002 & Bernd e Francis, 2001). Por conseguinte, os sistemas existentes devem facilitar o fluxo de informação, tanto vertical como horizontalmente, de forma eficiente e atempada (Grimson et al., 2000). De acordo com Fieschi (2002), a quantidade de dados dos doentes recolhidos e armazenados diariamente é enorme e complexa. Além disso, Haux *et al* (2002) estimam que, num hospital universitário, se acede diariamente a mais de 1 000 registos médicos arquivados. Por conseguinte, as TIC podem ser utilizadas de forma estratégica e inovadora para apoiar a recolha de dados dos doentes e o fluxo de informação entre os prestadores de cuidados de saúde (Raghupathi e Tan, 2002), conduzindo aos cuidados de saúde em linha. A estratégia da Organização Mundial de Saúde (OMS) para 2004-2007 define a saúde em linha como a utilização de dados digitais transmitidos, armazenados e recuperados eletronicamente para apoiar os cuidados de saúde, tanto no local como à distância. As oportunidades oferecidas pelas TIC nos cuidados de saúde são o apoio clínico, decisório e administrativo de uma forma eficiente, atempada e rentável. A introdução das TIC no sector privado dos cuidados de saúde serve a vantagem competitiva que pode residir na diferenciação e nos baixos custos (Yiannis et al., 2002). No entanto, a aplicação das TIC no sector dos cuidados de saúde também apresenta desafios (Ammenwerth et al., 2004).

Esta secção examina as tecnologias actuais que desempenham um papel crucial na prestação de serviços de saúde, melhorando o intercâmbio e a integração da informação dos doentes. A secção 2.2.2 examina as oportunidades oferecidas pelas TIC nos cuidados de saúde em termos das ferramentas atualmente utilizadas nos hospitais.

A secção 2.2.3 destaca recomendações para o modelo adequado de gestão da informação sobre a saúde dos doentes.

A secção 2.2.4 destaca as normas para a introdução das TIC nos cuidados de saúde. As principais questões e desafios são discutidos na secção 2.2.5, a aceitação da prestação de serviços em linha na secção 2.2.6, a análise de risco na secção 2.2.7, seguida das questões jurídicas na secção 2.2.8 e, finalmente, uma conclusão na secção 2.2.9.

Ferramentas TIC para o sector da saúde

As ferramentas TIC utilizadas nos cuidados de saúde são uma combinação de software e hardware que resultam em sistemas de apoio à gestão dos cuidados de saúde. Do lado do hardware, o computador pessoal é uma das ferramentas mais utilizadas na saúde em linha. De acordo com Haux *et al* (2002), vendem-se atualmente mais computadores do que automóveis em todo o mundo. A utilização das ferramentas TIC no sector da saúde varia consoante quem as utiliza e onde são utilizadas. Os médicos utilizam telemóveis, atendedores de chamadas e pagers. As unidades de cuidados primários compram computadores e ligam-se à Internet. Os hospitais estão a comprar equipamento de diagnóstico por imagem e de laboratório com processadores digitais incorporados. As organizações de saúde pública estão a informatizar-se para utilizar a tecnologia para melhorar as funções administrativas.

Entre as aplicações de saúde em linha enumeradas pela OMS que apoiam a prevenção, o diagnóstico, a gestão e os cuidados dos doentes contam-se a teleconsulta, a teletransmissão, os conceitos de armazenamento a montante, como a telerradiologia e a teleprescrição, e os registos médicos electrónicos (EMR). As tecnologias actuais subjacentes a estas aplicações são examinadas nas secções seguintes.

Sistemas de informação no domínio da saúde

Os sistemas de informação introduzidos no sector dos cuidados de saúde há várias décadas não estavam diretamente envolvidos na prestação de serviços de saúde, mas eram sobretudo utilizados para fins administrativos, como a faturação (Anderson, 1997). Os prestadores de cuidados de saúde geriam os dados clínicos em papel, enquanto o intercâmbio desses dados entre eles se efectuava através da rede de formação. O pessoal dos serviços transferia depois os dados recolhidos para os sistemas de informação. Embora estes sistemas de informação tenham entretanto evoluído para sistemas de informação clínica nos países industrializados (Anderson, 1997) e sejam utilizados nos cuidados de saúde, os países em desenvolvimento dispõem atualmente de sistemas de informação que apoiam as actividades administrativas ou não dispõem de qualquer sistema. Inan *et al* (2001) observam que a maioria dos pacotes de SIS nos países em desenvolvimento se limita a seguir as transacções internas do hospital na área das actividades administrativas, bem como os fluxos financeiros e materiais, e não armazena ou arquiva informações relativas à relação médico-doente que melhorariam o diagnóstico e o tratamento.

Um sistema de informação hospitalar moderno é composto por vários módulos, tais como um sistema de gestão financeira, um sistema de informação laboratorial, um sistema de farmácia, um sistema de planeamento e registo e um sistema de transferência de admissão/alta (Raghupathi, 1997). Os prestadores de cuidados de saúde trocam estas informações através de intranets. Os sistemas de informação hospitalar são, com efeito, um portal através do qual os registos médicos dos doentes são transmitidos às redes de cuidados de saúde (Fiechi M., 2002). A informação armazenada nos SIS dá origem a registos médicos electrónicos, que desempenham um papel importante na prestação de serviços de saúde. Foi este o catalisador que levou o Instituto de Medicina (IOM) a apelar ao desenvolvimento e à introdução de registos médicos informatizados (CMR), também conhecidos por registos médicos electrónicos (EMR) (Anderson, 1997).

Registo Médico Eletrónico (EMR)

A questão de saber como organizar os dados de saúde recolhidos com base nos doentes individuais e não nas organizações de cuidados de saúde tornou-se cada vez mais importante (WInthereik e Vikkelso, 2005). Além disso, de acordo com Smith e Eloff (1999), existe uma diferença entre registos médicos electrónicos e registos médicos electrónicos (EMR). Enquanto um registo médico eletrónico contém informações médicas relevantes para um doente de uma empresa específica, por exemplo, um hospital, um registo médico eletrónico contém todas as informações relacionadas com a saúde de uma pessoa de diferentes empresas e identifica de forma única cada registo (Raghupathi et al., 2002). Um sistema integrado de PLR envolve a recolha, o armazenamento, a recuperação, a transmissão e o processamento de dados de saúde específicos dos doentes; um sistema integrado de PLR contém dados clínicos, administrativos e biográficos dos doentes e reduz o custo de manutenção de múltiplas bases de dados (Raghupathi, 2002). Todos os prestadores de cuidados de saúde podem aceder à base de dados de forma controlada, eliminando a necessidade de duplicar a introdução de dados e garantindo a segurança e a proteção dos dados dos doentes (Smith e Eloff, 1999). Outra caraterística da ARP citada por Berg e Goorman (1999) é que pode assumir uma forma ativa, na qual podem ser efectuados cálculos sobre os dados introduzidos e podem também ser acionados alarmes ou lembretes.

Muitos autores consideram que as companhias de seguros, os investigadores, os gestores de cuidados e outros podem utilizar estes dados para os seus próprios fins, uma vez armazenados em bases de dados electrónicas (Raghupathi, 1999). Berg e Goorman (1999), no entanto, argumentam que a informação médica é mais adequada ao contexto primário da sua criação, embora também possa ser utilizada para fins secundários. Por outras palavras, se o objetivo for claro, o contexto da informação pode ser traduzido para evitar erros médicos.

A introdução de registos médicos electrónicos exige a integração de informações de saúde provenientes de sistemas diferentes e díspares (Smith e Elolf 1999).

A introdução de sistemas EPR nos hospitais conduziu a uma mudança de paradigma nos cuidados de saúde, uma vez que os dados dos doentes são processados sem papel e trocados em tempo real através de intranets e redes de área alargada (WANS) (Espinosa, 1998). Os médicos têm agora acesso a grandes quantidades de informação sobre os doentes e utilizam-na para melhorar as decisões clínicas na sua prática.

A estrutura de um sistema EPR varia de um designer para outro, mas o conteúdo dos registos é essencialmente o mesmo.

Os sistemas EPR funcionam num ambiente cliente/servidor com uma variedade de pacotes de software. De acordo com Raghupathi et al (2002), exemplos típicos de hospitais que adoptaram a iniciativa RPE na última década são Cabarrus Family Medicine em Concord, West Palm Beach Veteran's Administration Medical Center em West Palm Beach, San Jose Medical Center em San Jose, St. Vincent's Hospitals em Birmingham, Johnson Medical Center em Johnson City, US Department of defence e outros. A partilha de registos médicos informatizados é possível através de redes locais que ligam software de gestão de documentos, bases de dados relacionais, dispositivos de imagiologia, sistemas laboratoriais e farmacêuticos, formando um sistema completo de RPE (Raghupathi et al., 2002). Os líderes do sector da saúde nos países industrializados acreditam agora que a introdução de um registo médico eletrónico nacional é uma situação do tipo "agora ou nunca". Por exemplo, o Presidente da Associação Canadiana de Cuidados de Saúde e um administrador do Alexandria Marine and General Hospital em Goderich pronunciou-se recentemente sobre a introdução de um registo médico eletrónico nacional:

"Se não tratarmos do assunto em breve, será uma catástrofe

" "Penso que

perdemos

o barco durante muito tempo

".

(John Miner, 2005)

Um sistema nacional de RPE significa que os doentes têm um único registo médico que pode ser transferido de um prestador de cuidados de saúde para outro, garantindo a continuidade dos cuidados de saúde e evitando a duplicação de registos médicos. As principais vantagens do sistema RPE, que a maioria dos hospitais ostenta como resultado da iniciativa no domínio dos cuidados de saúde, são a eficiência, a eficácia e a redução de custos.

Cartões inteligentes para doentes

Um cartão inteligente de paciente é como um ficheiro "móvel" para um paciente individual, uma vez que armazena informações actualizadas sobre um paciente, como um sistema EPR (Smith e Eloff, 1999). O valor desta aplicação tecnológica reside no facto de os doentes poderem levar consigo a sua informação clínica para onde quer que se submetam a tratamento médico, assegurando assim a continuidade dos cuidados. Isto evita erros médicos e responde às necessidades dos pacientes com grande mobilidade (Rindfleish, 1997). A informação nos mapas é actualizada a intervalos regulares (Raghupathi e Tan, 2002). Embora os criadores de cartões inteligentes para doentes os tenham inicialmente concebido para apoiar procedimentos relacionados com seguros, os cartões são agora amplamente utilizados nos cuidados de saúde (Trcek *et al*, 2001). Esta tecnologia é utilizada principalmente nos países industrializados e há ainda muita investigação em curso neste domínio.

Assistente digital portátil

A fiabilidade dos cuidados prestados aos doentes é garantida se os dados estiverem disponíveis a todo o momento. Os sistemas de ponto de atendimento, como os PDAs, são a solução para esta necessidade (Jinwook et al., 2004). Permitem ao pessoal de saúde captar e registar eletronicamente os dados dos doentes a partir da cabeceira da cama (Bryne e Sahay, ud). O PDA é depois ligado ao sistema de informação do hospital.

Telemedicina

A telemedicina é uma forma promissora de cuidados de saúde que complementa os cuidados de saúde de qualidade existentes. A telemedicina permite prestar cuidados de saúde sem fronteiras, partilhando certos recursos escassos, como os profissionais (Brown, 1995 e Konditi, 2004) e o equipamento. Isto é possível através da ligação de unidades de saúde geograficamente dispersas, utilizando tecnologias de vídeo e de telecomunicações interactivas. Os médicos que se encontram no mesmo local podem agora efetuar diagnósticos e tratamentos clínicos à distância, depois de receberem ou acederem a registos ou filmes de doentes comunicados à distância (Kyriacou et al, 2003). Segundo Lin (1999), o número de doentes que utilizavam os serviços de saúde de telemedicina era inicialmente baixo e as aplicações utilizadas na altura eram a radiologia, a patologia, a cardiologia e a formação médica. No entanto, esta situação alterou-se desde então, pois cada vez mais doentes são tratados e a tecnologia é utilizada em todas as especialidades médicas, nomeadamente nos países industrializados (Kyriacou et al., 2003). Além disso, a atitude dos médicos e dos doentes em relação à telemedicina foi positiva desde o início. Os resultados preliminares nos Estados Unidos, em 1996, e em Hong Kong mostraram que alguns médicos e clínicos estavam a utilizar a tecnologia para os cuidados de saúde (Lin, 1999). No entanto, em comparação com outros meios de saúde atualmente utilizados, os doentes continuam a receber cuidados em número reduzido (Wilson, 2003).

Algumas das primeiras iniciativas de telemedicina citadas por Brown (1995) são a Space Technology Applied to Rural Papago Advanced Health Care (STARPAHC), que tinha por objetivo prestar cuidados médicos aos astronautas no espaço e na reserva indígena Papago, no Arizona, entre 1972 e 1975. Foi implementado utilizando uma carrinha equipada com um grande número de instrumentos médicos, incluindo um eletrocardiógrafo e uma máquina de raios X, bem como duas enfermeiras. Um sistema de telemedicina e de transmissão áudio por micro-ondas bidirecional foi depois utilizado para ligar a carrinha ao hospital do serviço público de saúde com especialistas. O Nebraska Medical Center utilizou a tecnologia CCTV já em 1955. Outras aplicações incluem o Massachusetts General Hospital/Logan International Airport Medical Station, o Alaska ATS-6 Satellite Biomedical Demonstration e o North-West Telemedicine Project. Uma das aplicações mais recentes é o centro de telemedicina do Asahikawa Medical College Hospital, no Japão (Asahikawa-med, 1999). Este centro foi criado para ter em conta a distribuição das instalações médicas entre centros de saúde rurais e urbanos, as condições climatéricas e os idosos. De acordo com as estimativas do relatório Asahikawa-med (1999), em Hokkaido, cerca de uma em cada quatro pessoas das zonas rurais terá 65 anos ou mais em 2020. Este centro oferece aos médicos não só apoio clínico, mas também os últimos resultados da investigação médica.

Os custos iniciais da criação de um centro de telemedicina são bastante elevados devido ao equipamento específico necessário, embora os benefícios sejam enormes (Brown, 1997). Dado que poucos estudos foram efectuados sobre a eficácia da telemedicina, Lin (1999) parte do princípio de que esta é eficaz do ponto de vista médico, embora a sua relação custo-eficácia tenha sido indubitavelmente demonstrada pela transferência desnecessária de doentes. A figura 2.1 ilustra uma sessão típica de telemedicina.

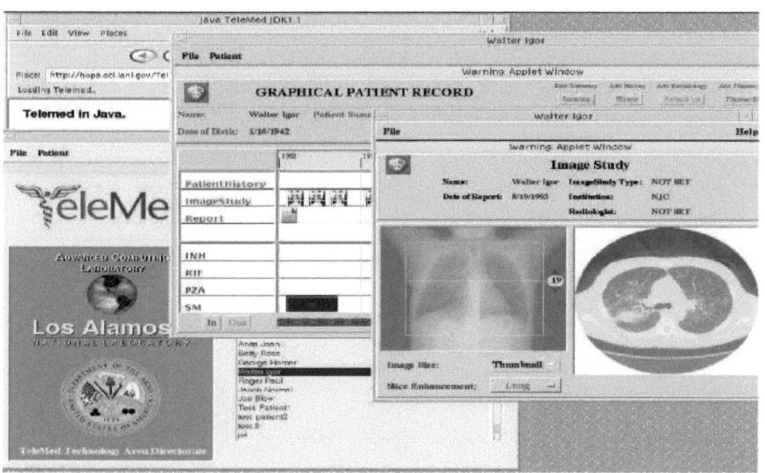

Figura 2.1 Sessão de telemedicina (Kilman & Forslund, 1997)

Entre os desafios mencionados por Lin (1999) para a investigação em telemedicina contam-se a atribuição flexível de largura de banda, algoritmos de compressão eficientes para dados e imagens, interfaces inteligentes, normas uniformes de transmissão de dados e a fiabilidade e segurança dos sistemas e meios de transmissão. Entre os obstáculos ao futuro da telemedicina, (winter2002.htm, 2002) cita as estruturas administrativas dos cuidados médicos, a evolução das leis e regulamentos, o recrutamento de certos médicos e a remuneração financeira dos médicos.

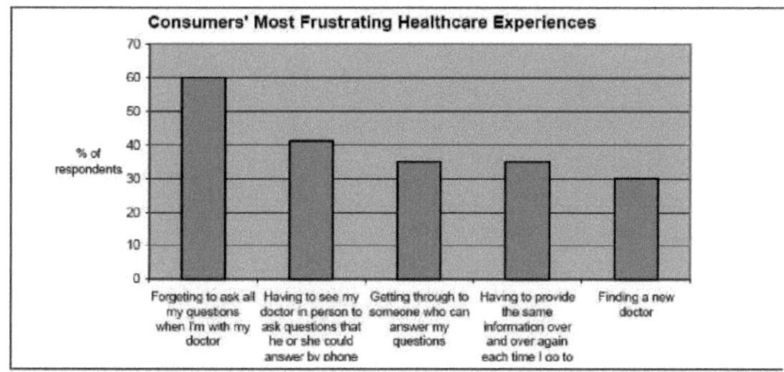

Figure 2.2 Results of online health care satisfactory study (Harris, 2000)

Tecnologia Web/Internet

Na atual sociedade de informação intensiva (Jane e William Grimson, 2002), a Internet desempenha um papel crucial na disponibilização de uma grande quantidade de informação sobre cuidados de saúde, desde conselhos preventivos a conselhos curativos (Raghupathi, 1997). Isto vai ao encontro das exigências dos actuais consumidores de cuidados de saúde informados, para que possam tomar decisões informadas sobre a sua saúde. Wilson (2003) concluiu que, devido à mudança no mercado dos cuidados de saúde e à crescente procura por parte dos doentes, a comunicação entre os prestadores de cuidados de saúde e os doentes através da Internet tornar-se-á em breve parte do modo de vida. A figura 2.2 mostra os resultados de um estudo realizado em 2000 sobre a satisfação no sector dos cuidados de saúde (Harris, 2000).

De acordo com Smith e Eloff (1999), os prestadores de cuidados de saúde também estão a utilizar a Internet para uma variedade de actividades de cuidados de saúde, como a transmissão de dados de saúde por correio eletrónico, embora Wilson (2003) descreva a adoção como lenta. O autor refere ainda que a maioria dos sítios Web de cuidados de saúde oferece conteúdos gratuitos e ofertas comerciais, mas que os cuidados clínicos requerem uma subscrição. Um exemplo típico de um sítio Web de saúde é apresentado na Figura 2.3. Existem alguns sítios Web de saúde para serviços sem fins lucrativos, mas alguns com fins lucrativos oferecem acesso gratuito à comunicação entre os utilizadores e o pessoal clínico (Wilson, 2003).

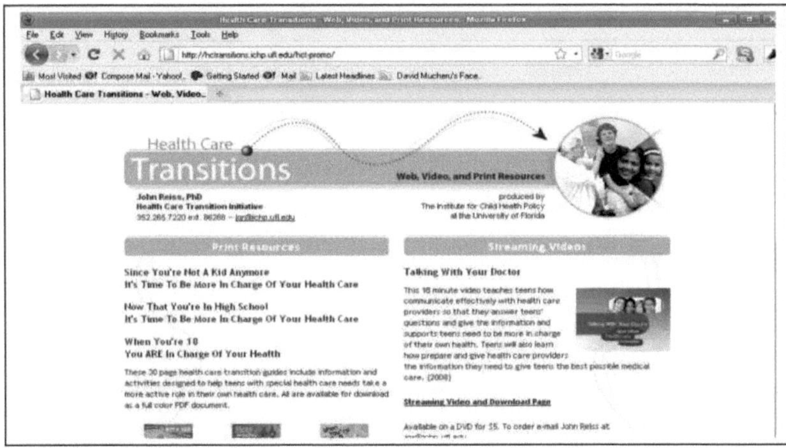

Figura 2.3 Um sítio Web típico do sector da saúde.

Tecnologias da informação (TI) e sistemas de informação (SI)

Introdução

Os termos TI e SI têm sido utilizados por vários investigadores ao longo dos anos. Heeks (1998) define as TI e os SI da seguinte forma: "***As tecnologias da informação (TI)*** são tecnologias informáticas e de telecomunicações que fornecem meios automáticos de processamento de informação.

Por conseguinte, as TI são aqui entendidas como equipamento: hardware e software intangível. ***Os sistemas de informação (SI)*** são sistemas compostos por elementos humanos e técnicos que recebem, armazenam, processam, emitem e transmitem informações. Os sistemas de informação podem basear-se em qualquer combinação de esforço humano, métodos baseados em papel e TI" (Heeks 1998, p.5). Isto sublinha o facto de os SI não serem apenas sistemas técnicos, mas representarem também uma rede mais vasta de pessoas, práticas e organizações.

Quando falamos de tecnologias da informação (TI) no domínio dos sistemas de informação de saúde, referimo-nos geralmente à utilização de computadores nos sistemas de informação de saúde. Wilson e Smith (1991 citado por Wilson 2000) afirmam que "a utilização criativa da microinformática é uma das formas mais promissoras de melhorar a qualidade, a atualidade, a clareza, a apresentação e a utilização da informação relevante para os cuidados de saúde primários" (Wilson, 2000, p.

. A experiência recente (Braa e C. Hedberg 2002; Wilson 2000; Wilson *et al.* 2001) demonstra o potencial da utilização das TI nos sistemas de informação no domínio da saúde. No entanto

Wilson (2000) adverte: "É importante garantir que a informatização dos sistemas de informação sobre saúde não domine o processo de melhoria da reforma dos sistemas de informação sobre saúde" (Wilson 2000, p.199). Isto porque a maioria dos utilizadores de informação sobre saúde nos países em desenvolvimento não tem acesso à tecnologia informática, pelo que deve ser dada prioridade ao desenvolvimento e melhoria dos sistemas manuais de recolha, análise e utilização de dados.

Enquanto nas décadas de 1960 e 1970 os países em desenvolvimento estavam relutantes em adotar as tecnologias da informação e da comunicação (TIC), nos últimos anos reconheceram que

"As TIC constituem agora a base do desenvolvimento económico, tanto a nível macro como microeconómico, pelo que os actores que não participarem neste desenvolvimento serão provavelmente cada vez mais marginalizados" (Spanos *et al.* 2002, p. 659). Consequentemente, muitos países em desenvolvimento estão a tentar utilizar as TI em diferentes áreas da governação, sendo a saúde um sector prioritário importante. No entanto, pode argumentar-se que, mesmo com a convergência global das TI nas empresas, o impacto da sua utilização pode muito bem depender da cultura nacional e das especificidades do ambiente económico e organizacional em que se insere. Devido às diferenças na utilização e na capacidade dos países em desenvolvimento para adoptarem as TI, é importante realizar estudos específicos.

Esta secção começa com uma discussão sobre as TI nos países em desenvolvimento na secção 2.3.2. A secção 2.3.3 explica por que razão, apesar da existência de novas tecnologias poderosas, existem em muitos sistemas de informação grandes e antigos (sistemas de informação herdados). É discutida uma proposta sobre a forma como um novo sistema pode ser desenvolvido para substituir os sistemas antigos. Na sequência da proposta de substituição dos sistemas antigos, são descritas abordagens de desenvolvimento de sistemas de informação (secção 2.3.4) como uma das estratégias para reformar os sistemas de informação no domínio da saúde. A secção 2.3.5 descreve os esforços de reforma dos sistemas de informação em matéria de saúde.

TI nos países em desenvolvimento

As TI nos países em desenvolvimento caracterizam-se geralmente por infra-estruturas deficientes, recursos humanos insuficientes e falta de literacia da informação. No entanto, há sinais de que estas condições estão a começar a mudar e, nos últimos anos, muitos países em desenvolvimento registaram um aumento acentuado na adoção de várias aplicações das TIC. Alguns países em desenvolvimento, como a Índia e o Paquistão, estão já mais avançados na utilização das TIC. Uma das aplicações mais prometedoras e claramente demonstradas das TI nos países em desenvolvimento é a melhoria dos sistemas de saúde (Mujahid 2002). Por exemplo, Muhajid (2002) refere exemplos de utilização das TI no sector da saúde no Paquistão para facilitar as consultas à distância, o diagnóstico, o tratamento e a colaboração entre médicos.

Sistemas de informação mais antigos

Muitos dos actuais sistemas informáticos, utilizados em aplicações que vão desde a contabilidade empresarial ao controlo do tráfego aéreo, foram desenvolvidos há décadas e adaptados às suas tarefas ao longo dos anos através de remendos e afinações. Sommerville (2001) salienta que "muitos programas de computador permanecem em serviço durante mais de um ano em grandes sistemas de informação.

10 anos e ainda são críticos para a empresa, ou seja, a empresa depende dos serviços fornecidos pelo software e uma falha desses serviços teria consequências graves para as actividades diárias da empresa" (Sommerville 2001, p.582). Sommerville descreve os sistemas de informação antigos como "sistemas sociotécnicos computorizados que incluem software, hardware, dados e processos empresariais" (Sommerville 2001, p. 583).

Os sistemas de informação obsoletos são geralmente demasiado lentos, pouco fiáveis e inflexíveis para fazer face a tarefas novas, mais variadas e exigentes. Infelizmente, as funções destes sistemas são muito difíceis de compreender e a sua substituição por um sistema novo e eficiente parece praticamente impossível. A substituição de um sistema de informação antigo é uma estratégia empresarial arriscada por várias razões (Sommervile 2001):

É raro que exista uma especificação completa do antigo sistema de informação. A especificação original pode ter-se perdido. Por conseguinte, não existe uma forma simples de especificar um novo sistema que seja funcionalmente idêntico ao sistema existente.

Os processos empresariais e o funcionamento dos sistemas de informação antigos foram concebidos para tirar partido das vantagens dos serviços de software e evitar as suas fraquezas. Quando o sistema é substituído, estes processos também têm de ser alterados, o que pode ter custos e consequências imprevisíveis.

As regras comerciais importantes podem estar integradas no software e não estar documentadas noutro local.

O desenvolvimento de novo software envolve riscos, pelo que podem surgir problemas inesperados com o novo sistema. O sistema pode não ser entregue a tempo e ao preço previsto. Ao descrever os problemas associados ao funcionamento dos sistemas de informação antigos, Sommerville (2001, p. 583) destaca os seguintes custos aquando da modificação dos sistemas de informação antigos

Diferentes equipas implementaram diferentes partes do sistema. Assim, não existe um estilo de programação **único** para todo o sistema.

Parte ou a totalidade do sistema pode ser implementado numa linguagem de programação obsoleta. Pode ser difícil encontrar pessoal que domine estas linguagens e pode ser necessário subcontratar a manutenção do sistema com grandes custos.

A documentação do sistema é frequentemente inadequada e obsoleta. Em alguns casos, a única documentação é o código-fonte do sistema. Por vezes, o código-fonte perdeu-se e só está disponível a versão executável do sistema.

Os anos de manutenção danificaram, de um modo geral, a estrutura do sistema, tornando-o cada vez mais difícil de compreender.

Os dados tratados pelo sistema podem ser armazenados em ficheiros diferentes com estruturas **incompatíveis.** Os dados podem ser duplicados e os próprios dados podem ser obsoletos, inexactos e incompletos.

Utilização dos sistemas existentes

Chislenko (1995, p. 2-3) recomenda cinco técnicas de utilização dos sistemas existentes:

Paralelismo e especialização, em que as tarefas crescentes de um sistema de informação antigo são distribuídas por vários sistemas antigos. O trabalho é consideravelmente melhorado, uma vez que os diferentes sistemas são optimizados para a execução de determinadas tarefas e dispensados de outras.

Redundância em que vários sistemas funcionam em paralelo e os resultados são depois comparados para aumentar a fiabilidade do resultado.

o envelopamento, que consiste em deixar de lado as camadas do sistema que não podem ser compreendidas, substituindo as outras

A técnica de ajuda externa consiste em fornecer ao antigo sistema os recursos necessários, preparando-o para a introdução de dados e assumindo certas tarefas que o antigo sistema não domina.

E, finalmente, a técnica de *substituição de* peças nos casos em que a estrutura e a função de uma parte do sistema são bem conhecidas. A peça pode então ser diretamente substituída pelo equipamento melhorado (Chislenko 1995, p. 2-3).

Embora as abordagens de Chislenko (1995) acima referidas se tenham revelado úteis na atualização de muitos sistemas informáticos, revelaram-se uma solução temporária e, por vezes, agravaram o problema. No seu artigo intitulado "*Reengineering work: do not automate, obliterate*", Hammer (1990) defende o seguinte

É altura de deixar de abrir caminho para as vacas. Em vez de encapsular processos obsoletos em silício e software, deveríamos apagá-los e começar do zero... utilizando o poder da moderna tecnologia da informação para transformar radicalmente os nossos processos empresariais e melhorar drasticamente o seu desempenho (Hammer 1990, p.104).

A melhor opção é substituir os sistemas de informação antigos por novos. A razão para tal é o facto de ser arriscado operar os sistemas antigos, como demonstrado na discussão anterior, e porque os sistemas antigos foram desenvolvidos utilizando tecnologia antiga, o hardware e o software irão falhar com o tempo. No entanto, a substituição de sistemas antigos também é uma atividade arriscada, como explicámos na discussão anterior, mas garantirá a sustentabilidade da organização, uma vez que os novos sistemas serão implementados com tecnologias modernas. Ao desenvolver um novo sistema para substituir o antigo, o maior risco é perder os dados da empresa recolhidos ao longo de muitos anos. A questão é saber como é que as enormes quantidades de dados armazenados nos sistemas antigos podem ser copiados e migrados para o novo sistema.

Migração de dados de sistemas de informação antigos para um novo sistema de informação

Em vez de corrigir o sistema antigo, como referido na secção 2.3.3.1, uma solução garantida é implementar um novo sistema e migrar todos os dados do sistema antigo para o novo. Esta é uma prática comum na implementação de sistemas de armazém de dados, uma vez que estes sistemas visam criar um repositório de dados à escala da empresa, ou seja, integrar todos os sistemas operacionais e armazenar os seus dados num único local, o armazém de dados. O processo de migração de dados de um sistema para outro é conhecido na gíria como *extração, transformação e carregamento (ETL)* (Microsoft 2000).

Embora o ETL possa ser efectuado manualmente através de "copiar e colar" para um problema simples, é impossível migrar manualmente os dados de uma base de dados para outra. A alternativa é automatizar os processos ETL através do desenvolvimento de um sistema de software de aplicação. A Microsoft (2000, p.2) descreve quatro elementos funcionais diferentes de um sistema ETL: extração, transformação, carregamento e metadados;

O elemento de extração ETL: é responsável pela extração de dados do sistema de origem. Durante a extração, os dados podem ser eliminados da fonte ou é criada uma cópia e os dados originais são retidos no sistema de origem.

O elemento de transformação ETL: é responsável pela validação dos dados, pela garantia da sua exatidão, pela conversão dos tipos de dados e **pela** aplicação de regras comerciais. É o mais complexo dos elementos ETL.

O elemento de carga ETL: é responsável pelo carregamento dos dados transformados no sistema de destino, e

O elemento de metadados ETL: é responsável pela gestão da informação (metadados) sobre o movimento e transformação de dados. Também documenta o mapeamento de dados utilizado durante as transformações. O desenvolvimento de um sistema ETL parece ser a solução mais viável para a utilização de bases de dados antigas, uma vez que permite aos utilizadores implementar novas tecnologias sem receio de perder os seus dados. A secção seguinte examina as abordagens ao desenvolvimento de sistemas de informação para fornecer uma visão geral do desenvolvimento de novos sistemas para substituir os sistemas de informação antigos e do desenvolvimento de sistemas de aplicação ETL.

Abordagens ao desenvolvimento de sistemas de informação

O conceito de desenvolvimento de sistemas de informação assistidos por computador trata de todos os aspectos do desenvolvimento e da evolução de sistemas complexos nos quais o software desempenha um papel importante. Estes aspectos incluem a aquisição de hardware, a conceção de políticas e processos, a implementação de sistemas e o desenvolvimento de software. A engenharia de software é uma disciplina de engenharia que lida com todos os aspectos da produção de software, desde as fases iniciais de especificação até à manutenção do sistema depois de este ter sido colocado em funcionamento. Para o desenvolvimento de software, há processos conhecidos que precisam de ser realizados. Um processo de software é uma série de actividades e resultados associados que produzem um produto de software. Os processos de software têm quatro actividades básicas em comum. Estas actividades são (Sommerville 2001, p.8):

Especificação do software: as funcionalidades do software e as restrições de funcionamento devem ser definidas.

Desenvolvimento de software: trata-se de criar software que cumpra as especificações.

Validação do software: o software deve ser validado para garantir que faz o que o cliente pretende.

Desenvolvimento de software: o software deve evoluir para satisfazer as necessidades dos clientes em constante mudança.

Diferentes processos de software organizam estas actividades de formas diferentes. Um modelo de processo de software é uma descrição simplificada de um processo de software que representa uma perspetiva particular, uma abstração do processo que está a ser descrito. Existem vários modelos ou paradigmas gerais diferentes de desenvolvimento de software; Sommerville (2001, p.9) descreve os seguintes modelos:

A abordagem em cascata: nesta abordagem, as actividades do processo de software são representadas como fases distintas do processo, como a especificação de requisitos, a conceção do software, a implementação, os testes, etc. Uma vez definida cada fase, esta é "traçada" e o desenvolvimento prossegue com a fase seguinte.

Desenvolvimento evolutivo: nesta abordagem, as actividades de especificação, desenvolvimento e validação estão ligadas. Um sistema inicial é rapidamente desenvolvido a partir de especificações muito abstractas. Este é depois aperfeiçoado com o contributo do cliente para criar um sistema que satisfaça as necessidades do cliente.

Transformação formal: esta abordagem baseia-se na criação de uma especificação matemática formal do sistema e na transformação desta especificação num programa utilizando métodos matemáticos.

Construir o sistema a partir de componentes reutilizáveis: Esta técnica pressupõe que certas partes do sistema já existem. O desenvolvimento do sistema centra-se na integração destas partes em vez de as conceber de raiz.

Não é possível determinar todos os requisitos do utilizador numa única fase do desenvolvimento de software, razão pela qual *o conceito de cascata* não é adequado para o desenvolvimento de sistemas de informação no domínio da saúde. O problema do modelo em cascata é a sua divisão inflexível do projeto nestas diferentes fases, o que significa que só deve ser utilizado se os requisitos forem bem compreendidos. A abordagem de *transformação formal* tem algo em comum com o modelo em cascata, mas o processo de desenvolvimento baseia-se na transformação matemática formal de uma especificação de sistema num programa executável.

A abordagem de transformação formal pressupõe que o problema esteja bem definido, de modo que uma representação matemática do funcionamento do software seja estabelecida de antemão. Isto nem sempre é o caso no desenvolvimento de software para sistemas de informação de saúde, uma vez que é improvável que existam profissionais de saúde que conheçam muito bem o sistema e tenham conhecimentos competitivos de desenvolvimento de software. A abordagem alternativa de *montagem de sistemas a partir de componentes reutilizáveis* também não é uma boa escolha para o desenvolvimento de software para os SIS, uma vez que geralmente não existem sistemas neste domínio. Mesmo que existam, são geralmente sistemas antigos desenvolvidos com tecnologias obsoletas. É por isso que a abordagem de desenvolvimento *evolutivo* é tão importante, porque se baseia no princípio de que um processo de software pode ser desenvolvido de forma incremental. "Quando os utilizadores desenvolvem uma melhor compreensão dos seus problemas, isso pode refletir-se no sistema de software" (Sommerville 2001, p. 47). A abordagem de desenvolvimento evolutivo baseia-se na ideia de desenvolver uma implementação inicial, submetendo-a a comentários e feedback dos utilizadores e aperfeiçoando-a através de muitas versões até ser desenvolvido um sistema adequado. A Figura 2.4 ilustra as actividades envolvidas no processo de desenvolvimento evolutivo de sistemas.

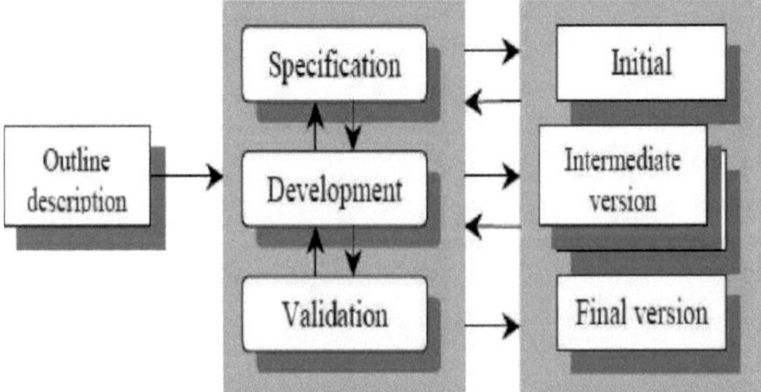

Figura 2.4: Desenvolvimento evolutivo (fonte: inspirado em Sommerville 2001, p. 47)

Na abordagem de desenvolvimento evolutivo, são introduzidos *protótipos de sistemas* para permitir que os utilizadores experimentem e vejam como o sistema os ajuda no seu trabalho. Um protótipo é uma versão inicial de um sistema de software que é utilizado para demonstrar conceitos, experimentar diferentes opções de conceção e, de um modo geral, aprender mais sobre o problema e as suas possíveis soluções. Um protótipo de software apoia duas actividades no processo de engenharia de requisitos: "recolha de requisitos e validação de requisitos" (Sommerville 2001, p.172). As experiências demonstraram (Boehm e Gray 1984) que a prototipagem reduz o número de problemas associados à especificação dos requisitos. Além disso, os custos globais de desenvolvimento podem ser reduzidos se for desenvolvido um protótipo. Quando um protótipo está disponível, pode ser utilizado para outros fins (Ince e Hekmatpour 1987), tais como

Formação dos utilizadores. Um protótipo do sistema pode ser utilizado para formar os utilizadores antes de ser entregue a versão final do sistema.

Testes de sistema. O protótipo pode efetuar testes back-to-back. Os mesmos casos são apresentados ao protótipo e ao sistema a ser testado. Se os dois sistemas derem o mesmo resultado, o caso de teste não revelou um erro; caso contrário, pode significar que existe um erro e que é necessário examinar a razão da diferença.

A criação de protótipos no desenvolvimento de sistemas evolutivos permite e depende da participação dos utilizadores. O envolvimento do utilizador no desenvolvimento de sistemas de informação é recomendado aos analistas de sistemas como uma técnica para o desenvolvimento de sistemas bem sucedidos. Newman e Noble (1990) definiram o envolvimento do utilizador como "um processo de interação entre especialistas em sistemas e utilizadores ou seus representantes, discutindo quatro modelos de processos de envolvimento do utilizador - aprendizagem, conflito, política e recolha de resíduos" (p. 89). Com base numa revisão da literatura, vamos agora descrever os quatro modelos de processos abstractos de Newman e Noble de envolvimento dos utilizadores no desenvolvimento de sistemas.

O modelo de aprendizagem: a "versão mais simples" do modelo de aprendizagem considera o envolvimento dos utilizadores como "uma oportunidade para os designers educarem os utilizadores sobre o sistema" (Newman e Noble 1990, p. 90). Como já referimos, os protótipos permitem o envolvimento dos utilizadores, proporcionando-lhes uma formação precoce. Isto torna as expectativas dos utilizadores mais realistas e reduz a sua resistência à mudança (Bj0rn-Anderson e B. Hedberg 1977 citados por Newman e Noble 1990). "Sucesso" significa quę os utilizadores estão satisfeitos com o sistema e utilizam-no como os projectistas pretendiam. A 'versão mais simples' do *modelo de aprendizagem* é insuficiente porque a aprendizagem é unilateral; os designers têm pouco a aprender, exceto os detalhes dos requisitos dos utilizadores.

Outra variante do modelo de aprendizagem é o "modelo de aprendizagem mútua" (Boland 1978), em que os utilizadores e os engenheiros de software reconhecem as competências e pontos de vista específicos de cada um e trabalham em conjunto para encontrar uma solução comum para um problema comum. Cada parte aprende com a outra à medida que o desenvolvimento avança.

Modelo de conflito: foram desenvolvidos modelos de conflito para explicar situações em que existem problemas complexos, objectivos incompatíveis e vários critérios de sucesso (Robey e Farrow 1982). Um teste do modelo (Robey *et al.* 1989 citado por Newman e Noble 1990) mostrou que o envolvimento dos utilizadores conduzia a conflitos quando era acompanhado pela influência dos utilizadores. Ao mesmo tempo que surgiam conflitos, a participação combinada com a influência criava oportunidades para a resolução de conflitos. Neste caso, a participação do utilizador é conceptualizada como um processo através do qual os utilizadores e os designers descobrem e resolvem as suas diferenças. O modelo de conflito parece ser superior ao modelo de aprendizagem, na medida em que reconhece o potencial de conflito da participação do utilizador e considera o grau de influência do utilizador como um fator determinante da resolução de conflitos.

Modelo político: as organizações nas quais os sistemas de informação são introduzidos são vistas como ordens políticas com distribuições de poder estabelecidas que podem ser perturbadas ou confirmadas pela conceção da tecnologia (Pettigrew 1973 citado por Newman e Noble 1990). Kling (1987, p. 312) incorpora explicitamente um modelo político como parte dos pressupostos do seu modelo 'web' de processamento de dados nas organizações. Os modelos políticos têm em conta o conflito, mas centram-se na forma como o conflito é estruturado pela organização existente e no papel do poder na resolução de conflitos. "As tácticas políticas, como a negociação, são relevantes para a resolução de conflitos" (Newman e Noble 1990, p.93). A implementação do HISP na África do Sul não foi isenta de críticas por parte dos parceiros do HISP, que se baseavam em conflitos entre diferentes níveis administrativos. No entanto, a independência financeira e organizacional do HISP permitiu que o programa avançasse e propusesse soluções (Braa *et al.* 1999).

O modelo bin: este modelo deve ser aplicado a um tipo particular de organização ou a uma situação de tomada de decisão descrita como "anarquia organizada" (Newman e Noble 1990, p.94), como é o caso das universidades. Neste modelo, parafraseando Newman e Nomble (1990), os actores são dotados de uma racionalidade limitada porque não têm a certeza dos seus interesses e só os perseguem esporadicamente. Os actores-chave saem de cena, a composição da equipa muda constantemente, tal como os objectivos. Os HIS não estão estruturados como uma anarquia organizacional e, por conseguinte, o modelo não é aplicável aos HIS.

A discussão dos modelos de processo para o envolvimento dos utilizadores no desenvolvimento de sistemas sugere que os profissionais dos sistemas de informação de saúde devem compreender os papéis que os utilizadores podem desempenhar na implementação dos sistemas de informação de saúde. No meu estudo, o modelo político é o modelo de processo mais relevante para o envolvimento dos utilizadores, seguido do modelo de conflito. Isto deve-se ao facto de os sistemas de informação no domínio da saúde estarem estruturados como uma hierarquia de níveis administrativos. Muitas reformas dos sistemas de informação sanitária, como no caso do HISP, visam reforçar os níveis inferiores, como o distrito, que tem pouca ou nenhuma influência nos sistemas actuais. A participação dos níveis administrativos superiores é, por conseguinte, negligenciada.

(a nível nacional e provincial) criaria uma forte resistência nos níveis superiores do governo a uma mudança na estrutura do SIS. Alguns funcionários a nível nacional e provincial devem ser diretamente envolvidos para negociar com os níveis inferiores e outros intervenientes para a aceitação de um novo sistema.

Esforços para reformar os sistemas de informação sobre cuidados de saúde

O desempenho dos sistemas de informação sanitária nos países em desenvolvimento já foi objeto de numerosos relatórios (ver, por exemplo, Braa *et al.* 2001; Lippeveld *et al.* 2000; McLaughlin 2001; Simwanza e Church 2001). Nos últimos anos, muitos países em desenvolvimento reestruturaram os seus sistemas de informação sanitária, principalmente através da descentralização dos sistemas para reforçar os níveis mais baixos, com ênfase nos níveis distritais. O processo de reestruturação dos sistemas de informação sanitária é geralmente conhecido como reforma dos sistemas de informação sanitária. Em muitos países em desenvolvimento, a reforma dos sistemas de informação sanitária faz parte dos planos estratégicos nacionais. Enquanto alguns países levaram a cabo uma reestruturação completa dos sistemas de informação sanitária no âmbito de uma abordagem integrada, noutros países a reforma dos sistemas de informação sanitária foi levada a cabo numa abordagem mais gradual para subsistemas como a vigilância de epidemias ou a notificação de serviços de rotina (Wilson 2000). Foram comunicadas reformas dos sistemas de informação sanitária na África do Sul, Zâmbia, Uganda, Malawi, Índia e Paquistão (ver, por exemplo, Braa e C. Hedberg 2002; Simwanza e Church 2001; Mursalin e Haque 2001; Wabwire-Mangan *et al.* 2001).

Utilização das TI nos sistemas de informação sobre saúde

A literatura contém uma longa lista de razões para a utilização de computadores nos sistemas de informação no domínio da saúde. Eis algumas dessas razões:

Melhorar a eficiência do sistema de saúde através do processamento e análise rápidos de grandes quantidades de dados.

Criação de uma vasta gama de resultados e relatórios de feedback para muitos níveis do sistema de saúde.
a partir de um único conjunto de dados ou através da combinação de conjuntos de dados.

Para evitar duplicações, esta prática encontra-se normalmente em muitos sistemas **hierárquicos** de recolha de dados.

Melhoria da qualidade da introdução de dados graças à validação automática durante a introdução de dados e à criação automática de feedback imediato sobre os erros para cada estabelecimento de saúde.

Melhorar a análise e a apresentação da informação para facilitar a interpretação dos dados e a sua utilização na tomada de decisões.

Formação de profissionais de saúde utilizando material didático interativo baseado em computador para auto-formação e formação contínua.

Melhorar a divulgação dos dados, proporcionando ao público o acesso em linha aos dados através de páginas **Internet da World** Wide **Web**.

Para além das razões diretas para utilizar a tecnologia informática nos sistemas de informação de saúde, o próprio processo de informatização pode constituir uma oportunidade para rever e melhorar sistemas e procedimentos manuais disfuncionais (Auxila e Rohde 1988).

No entanto, a forma como as TI são implementadas nos SIS nos países em desenvolvimento tem sido questionada em muitos estudos, uma vez que estes se caracterizam normalmente por projectos de grande escala. McLaughlin (2001, p. 72) critica o facto de que "os esforços dos SIS foram tradicionalmente integrados em componentes de projectos para o desenvolvimento de sistemas de saúde, resultando nos famosos elefantes brancos e em inúmeros formulários em papel mal utilizados para a tomada de decisões".

Além disso, Lippeveld e Sapirie (2000) afirmam que um dos principais objectivos de muitos projectos típicos de desenvolvimento de sistemas de informação no domínio da saúde é a informatização de dados importantes que têm de ser geridos, monitorizados e analisados. No entanto, quando a informatização se torna o principal objetivo do desenvolvimento de sistemas de informação no domínio da saúde, perde-se frequentemente o objetivo mais importante de satisfazer as necessidades de dados dos prestadores de cuidados de saúde.

McLaughlin descreve as abordagens estratégicas adoptadas por alguns países em desenvolvimento para reformar os seus sistemas de informação sanitária a fim de satisfazer as exigências dos doadores (McLaughlin 2001). Lippeveld e Sapirie (2000) argumentam que a reestruturação dos sistemas de informação sanitária conduzida pelos doadores é suscetível de fracassar.

Por vezes, estes projectos conseguem criar um novo sistema de recolha e apresentação de relatórios no prazo de dois anos. No entanto, uma vez concluído o projeto, a situação deteriora-se rapidamente devido à acumulação de problemas de manutenção do software e do hardware, a relatórios incompletos e tardios e à falta de continuidade do pessoal nacional para gerir o sistema (Lippeveld e Sapirie 2000, pp. 247-248).

Reforma dos sistemas de informação sanitária a nível distrital

No âmbito da reestruturação dos sistemas de informação sanitária, muitos países estão a concentrar-se na descentralização dos seus sistemas, a fim de reforçar os níveis inferiores da hierarquia do SIS. De acordo com Muquingue *et al* (2002), os sistemas nacionais de informação sanitária são construídos a partir das actividades de informação realizadas em muitos pontos minúsculos, frequentemente não hierárquicos, da estrutura geográfica de um país; estes pontos são geralmente distritos. A estrutura administrativa de muitos países em desenvolvimento inclui os níveis de comuna (aldeia), distrito, província e nacional. Em muitos países em desenvolvimento, os sistemas nacionais de informação sobre saúde dependem fortemente dos cuidados de saúde primários (CSP), e o distrito é o nível mais adequado para coordenar o planeamento de cima para baixo e de baixo para cima, organizar a participação da comunidade no planeamento e na implementação, e melhorar a coordenação dos cuidados de saúde públicos e privados (OMS 1987). Sendo o ponto de informação e a junção física entre a comunidade e o sistema nacional de informação sanitária, o distrito é constituído por uma multiplicidade de elementos interligados que apoiam o sistema de saúde numa determinada área geográfica. Um distrito inclui o pessoal e as instalações de saúde até aos hospitais de referência de primeiro e segundo nível (Amonoo-Lartson *et al.* 1984).

Normas

Os organismos de normalização no sector da saúde devem estabelecer normas que abranjam todos os aspectos do tratamento de dados, como o armazenamento, a cifragem, a compressão, a transmissão, etc. Há muitas aplicações TIC no sector da saúde que dependem atualmente das suas normas. No caso dos registos médicos ou do RPE, por exemplo, são utilizadas normas médicas para apoiar a criação de apresentações (Adelhard K. *et al*, 1995). As normas para as linguagens de programação médica são especificadas na norma ASTM E1460-92, enquanto as especificações das normas para a definição e o intercâmbio de bases de conhecimentos modulares no domínio da saúde são descritas na norma ASTM 1992. De acordo com Grimson et al (2000) e Raghupathi (1997), a lenta adoção das TIC no sector da saúde, em comparação com outros sectores de informação intensiva, deve-se a uma falta geral de normas e, noutros casos, a uma adoção lenta quando estas existem. Os comités de normas incluem o HL7, o CENTC251 e o Object Oriented Group.

Temas centrais e desafios

O paradigma dos cuidados partilhados nos cuidados de saúde não está isento de desafios. Os desafios específicos relacionados com a utilização das TIC nos cuidados de saúde, identificados por Grimson (2000), são a complexidade dos dados médicos e os problemas relacionados com a introdução de dados, a segurança, a confidencialidade, a privacidade, a falta de um identificador nacional único e a falta geral de sensibilização para os benefícios e riscos das tecnologias da informação. Estes desafios são independentes da ferramenta TIC utilizada para a saúde em linha. Segundo Bakker (2002), é necessário um maior investimento no desenvolvimento de software para o sector da saúde, a fim de melhorar a funcionalidade e, assim, ultrapassar a complexidade da introdução de dados nos registos médicos electrónicos. É necessário desenvolver novas funcionalidades em colaboração entre os profissionais de saúde e os especialistas em TIC. Raghupathi (1997) parte do princípio de que deve ser criado um sistema de informação eletrónico universal para a gestão dos cuidados de saúde, a fim de evitar a duplicação de dados a nível nacional. No entanto, isto exige um identificador e um índice de doentes únicos a nível nacional. Esta necessidade pode ser satisfeita por criadores de software orientados pelos CIO do sistema de saúde de um Estado.

A ameaça à privacidade representada pelos dados dos doentes armazenados e transmitidos em formato digital numa base de dados (Obrien, 2001) é muito real em comparação com o formato em papel. Além disso, os dados médicos são altamente sensíveis e a falta de confidencialidade pode impedir os doentes de beneficiarem dos tão necessários serviços de saúde. Além disso, pode levar os médicos a reterem informações dos doentes (Rindfleisch, 1997 & Tachakra *et al*, 1996). Por conseguinte, os benefícios plenos dos cuidados de saúde electrónicos só podem ser concretizados se a privacidade e a confidencialidade dos doentes forem garantidas (Smith e Eloff, 1999). Entre os aspectos de segurança a ter em conta no contexto dos registos médicos electrónicos contam-se a confidencialidade, a integridade e a disponibilidade (Grimson *et al.*, 2000). De acordo com Rindfleisch (1997), a confidencialidade dos dados dos doentes numa instituição de cuidados de saúde é ameaçada pela divulgação acidental, pela curiosidade e desobediência internas, enquanto as ameaças externas provêm principalmente do acesso não autorizado.

As questões de segurança relacionadas com os sistemas de informação no domínio da saúde são uma preocupação internacional e, por conseguinte, levaram à criação de organismos de segurança responsáveis por lidar com estas questões. O Comité Técnico 11 (TC11) da Federação Internacional de Processamento da Informação ocupa-se da segurança geral da informação, enquanto a Associação Internacional de Informática Médica (IMIA) se ocupa da segurança no domínio da informática médica (Smith e Eloff).

De acordo com Smith e Eloff (1999), uma medida de segurança mais actualizada para os dados e informações electrónicas dos doentes consiste em despersonalizar e decompor as informações dos doentes e armazená-las em diferentes locais sob pseudónimos codificados atribuídos pelo Identifier Control Facility (ICF). O resultado é um ficheiro virtual explodido, eliminando o risco para a confidencialidade dos dados representado pela utilização do nome do doente. O ICF mantém uma visão geral da localização de todos os dados e informações dos pacientes. As soluções de segurança do acesso variam consoante a complexidade, o custo e a eficácia de cada método. A Infraestrutura de Chaves Públicas (PKI), combinada com assinaturas digitais, palavras-passe, biometria e firewalls, está a ser promovida para garantir a transmissão segura de dados de cuidados de saúde através da Internet (Raghupathi *et al*, 2002 & Chadwick *et al*, 2003). Os protocolos de rede seguros, como o Secure Sockets Layer (SSL) e o Secure HTTP (S-HTTP), são frequentemente utilizados para a transmissão segura de dados dos doentes através da World Wide Web.

De acordo com Smith e Eloff (1999), os cartões inteligentes para doentes são optimizados em termos de segurança porque o chip que contém a informação está embutido em plástico, tornando-o difícil de ler, como acontece com os cartões de banda magnética. No entanto, a segurança da parte da memória do cartão está dividida em zonas com diferentes direitos de acesso para os utilizadores.

Aceitação dos cuidados de saúde electrónicos

Apesar dos muitos benefícios das tecnologias electrónicas para os cuidados de saúde, a maioria dos prestadores de cuidados de saúde não adoptou o sistema devido a alterações nos procedimentos de trabalho e à falta de formação (Guler e Muldur, 2001 & Goosen *et al*, 1997). A solução consiste em oferecer aos utilizadores finais cursos de formação de curta duração para os familiarizar com o novo sistema, enquanto os criadores de software do sistema concebem janelas simples para que os utilizadores não se percam entre menus e ecrãs de fácil utilização, de modo a que os utilizadores se adaptem facilmente ao novo sistema.

Análise de risco

Os riscos nos sistemas de saúde não podem ser tolerados, pois podem causar danos aos doentes ou mesmo a morte (Ammenwerth et al, 2004). Os riscos típicos de um sistema de informação de cuidados de saúde são principalmente o acesso não autorizado ou as falhas de energia, que impedem a disponibilidade dos dados dos doentes (Epinosa, 1998 & Smith e Eloff, 1999). Outros riscos enumerados por Ammenwerth *et al* (2004) incluem o mau funcionamento do sistema, a falta de fiabilidade, a facilidade de utilização, um ambiente que não está adequadamente preparado para as mudanças nos processos de trabalho e nas funções dos doentes. A introdução de sistemas de informação para substituir um sistema antigo pode ser um pesadelo para as pessoas que os implementam. No entanto, o apoio da direção e dos futuros utilizadores é quase uma garantia de sucesso para a introdução de sistemas de saúde (Berg 2001).

Questões jurídicas

A nível internacional, os legisladores reconheceram a necessidade de legislação em matéria de proteção de dados contra a utilização abusiva do processamento eletrónico de dados (Grimson et al, 2000 & Benedict, 2001). No entanto, poucas disposições da legislação existente em matéria de proteção de dados dizem respeito aos serviços de saúde, levando Smith e Eloff (1999) a sugerir que é necessário abordar mais questões jurídicas nos cuidados de saúde. A legislação atual em matéria de cuidados de saúde diz respeito à utilização de registos médicos como prova em processos judiciais e à recolha de dados pessoais de saúde para outros fins que não a prestação de serviços de saúde.

A Europa introduziu leis sobre a proteção de dados e a liberdade de informação (Grimson et al 2000).

2.9. modelos verificados de encaminhamento eletrónico de doentes :

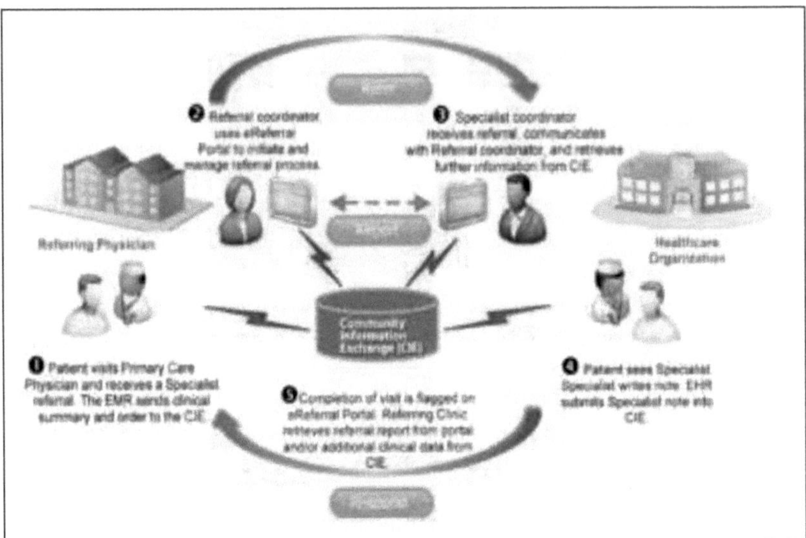

Figura 2.5 O novo processo de orientação da BMC.

O novo sistema de referência BMC do Boston Medical Center.

O doente consulta um médico de clínica geral (PCP) num CHC e recebe uma referenciação para um especialista. O DME envia um resumo clínico e um mandato à CIE.

O coordenador da transferência utiliza o portal eReferral para lançar e gerir o processo de transferência.

O coordenador especializado (CE) recebe uma transferência, comunica com o CR e solicita informações adicionais à AIC.

O doente consulta um especialista que introduz uma nota no sistema, que o TRA transmite à CIE.

O fim da visita é registado no portal eReferral, enquanto a clínica que fez a referenciação acede a um relatório de referenciação e a dados adicionais da CIE através do portal.

Com a introdução do eReferral, o BMC pode fornecer aos seus 1500 médicos uma visão geral das informações relevantes sobre os doentes armazenadas em diferentes sistemas e aplicações em toda a comunidade. Os médicos e os coordenadores de referenciação podem encontrar especialistas, marcar consultas em linha, transmitir dados clínicos e acompanhar as referenciações do início ao fim. Os principais resultados do eReferral incluem:

Facilitar o intercâmbio de informações clínicas, acompanhando as transferências desde o início até à conclusão

Fluxo de trabalho optimizado para coordenadores de transferências e médicos

Melhor coordenação com os centros de saúde municipais

Coordenação centralizada das transferências

Melhor comunicação entre os médicos de clínica geral e os especialistas.

"O sistema de gestão de encaminhamento eletrónico da BMC integra-se nos fluxos de trabalho dos médicos e maximiza a eficiência dos coordenadores de encaminhamento," disse Rich Kalish, M.D., diretor médico da Boston HealthNet. "Ao transmitir os encaminhamentos eletronicamente, a BMC garante que os médicos recebam feedback em tempo real e informações relevantes sobre os resultados dos encaminhamentos."

Hospital Geral de São Francisco: conetividade através de orientação eletrónica

O San Francisco General Hospital & Trauma Center (SFGH) é o único hospital público da cidade e um centro de trauma de nível 1 para os residentes de São Francisco e do norte do condado de San Mateo. O hospital pertence e é gerido pelas autoridades de saúde da cidade e do condado de São Francisco. Funciona como o centro da rede de segurança do condado, que inclui 35 centros de saúde municipais, clínicas e parceiros afiliados. O hospital serve de hospital universitário para a Universidade da Califórnia, em São Francisco, e todo o sistema beneficia do acesso partilhado aos registos de saúde electrónicos dos pacientes do SFGH.

Os principais componentes do sistema são os seguintes:

Existe uma fila de espera eletrónica central para cada serviço especializado participante.

Todos os hospitais de referência devem utilizar o sistema eReferral para encaminhar os doentes para os serviços especializados participantes.

Cada serviço especializado participante tem um especialista clínico designado que é responsável pela análise e resposta às referenciações. O revisor pode utilizar o sistema para marcar consultas, afetar doentes, procurar esclarecimentos sobre a questão da referenciação e fornecer conselhos de avaliação antes da visita.

O prestador de cuidados de saúde que encaminha o doente e o especialista podem comunicar entre si de forma iterativa através do sistema eReferral até que o problema clínico do doente tenha sido resolvido, com ou sem marcação de consulta.

O sistema eReferral está estreitamente integrado no EMR do hospital, pelo que todas as trocas de informação são documentadas em tempo real no processo do doente.

O sistema limita-se às admissões iniciais (e não às consultas de acompanhamento), pois considerou-se que assim se aproveitaria melhor o tempo do perito.

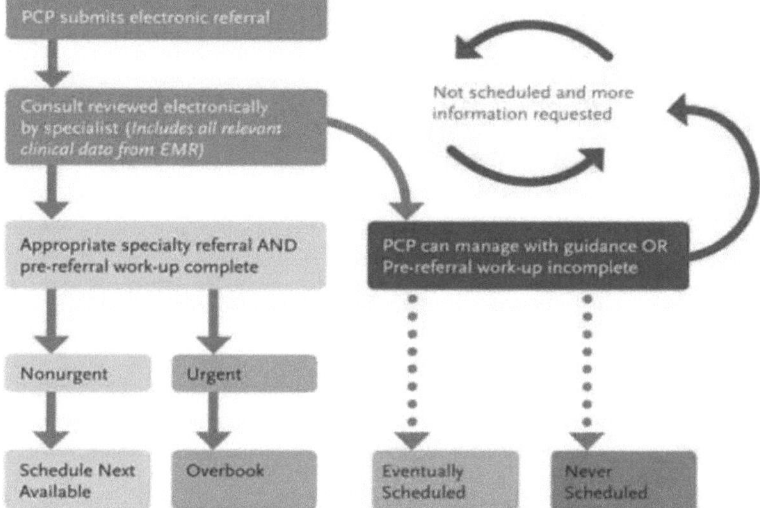

Figura 2.6 Processo do sistema eReferral no San Francisco General Hospital & Trauma Center

O Dr. Yee e o Dr. Chen acreditam que um dos principais valores do sistema eReferral é facilitar a comunicação entre os cuidados primários e os especialistas. É importante notar que a implementação destas consultas pode ser difícil por razões legais, médicas e logísticas. No entanto, os prestadores de cuidados de saúde primários recebem agora uma avaliação atempada e conselhos de tratamento, enquanto os especialistas que tratam os doentes no hospital recebem perguntas de aconselhamento claras.

A informação em rede não só evita consultas desnecessárias com especialistas, como também dá aos médicos de clínica geral mais oportunidades de conhecer e tratar os problemas clínicos dos seus pacientes.

Os médicos de clínica geral locais estão satisfeitos com o sistema eReferral, em especial as clínicas com bom acesso à Internet. As clínicas com acesso intermitente à Internet podem não utilizar o sistema tão bem. Nestas clínicas, as referências são geralmente introduzidas pelo pessoal do consultório, o que resulta numa referência clínica menos informativa e em menos oportunidades de comunicação entre os prestadores.

PROJECTOS DE REGISTOS DE SAÚDE ELECTRÓNICOS NA AUSTRÁLIA, NA EUROPA E NOS ESTADOS UNIDOS

CANADÁ

Visão geral

Os registos médicos electrónicos foram desenvolvidos para diversos fins. A maioria dos sistemas de registos médicos electrónicos estabelecidos são utilizados para fins como a faturação eletrónica e são concebidos para instituições individuais ou para uma rede limitada de serviços de saúde.

Na Austrália, no Canadá e na Europa, estão a ser desenvolvidos projectos de CDI a nível nacional e estatal para criar um resumo dos registos médicos ao longo da vida e para ligar as informações sobre cuidados de saúde em todo o sistema de saúde. O principal objetivo destes sistemas de CDI é melhorar a qualidade dos cuidados de saúde. Permitem que os prestadores de cuidados de saúde acedam ao historial médico completo de um doente, desde que este dê o seu consentimento. Prometem também aos consumidores informações mais completas para os ajudar a gerir melhor os seus próprios cuidados de saúde.

Os CDI prometem uma abordagem mais integrada dos cuidados de saúde, de modo a que os serviços sejam mais centrados no doente. No Canadá, em Inglaterra e na Irlanda, os CDI foram explicitamente associados a reformas dos cuidados de saúde, em especial dos cuidados primários, em vez de se basearem nos CDI para introduzir mudanças per se.

A Austrália está bastante avançada no desenvolvimento de projectos de CDI e os ensaios dos sistemas propostos começaram no final de 2002 e em 2003. Informação nacional sobre saúde

O Conselho Consultivo foi criado em 1998 para reunir iniciativas estatais, territoriais e federais no domínio da tecnologia da informação em matéria de saúde.

Em Inglaterra, o governo comprometeu-se a longo prazo a testar, desenvolver e avaliar propostas de sistemas de gestão de recursos humanos electrónicos, a fim de aprender com as melhores e piores iniciativas locais. O governo canadiano também adoptou uma abordagem de colaboração para o desenvolvimento dos sistemas de informação em linha. Criou uma série de organizações para promover a cooperação e desenvolver os projectos de sistemas de informação em linha dos governos provinciais.

Definição de EHR

Na linguagem comum, o termo "registo médico eletrónico" é utilizado para descrever qualquer representação digital de informações de saúde, com pouca ou nenhuma consideração pela forma como essas informações são armazenadas ou acedidas. O termo é frequentemente utilizado como sinónimo de outros termos relacionados, como "registo médico eletrónico" e "registo eletrónico do doente".

A utilização indiscriminada da expressão "registo médico eletrónico" e de outros sinónimos aparentes gera por vezes uma grande confusão entre as partes interessadas.

Embora seja tentador atribuir a falta de uniformidade da terminologia à semântica, há que reconhecer que cada termo evoluiu independentemente dos outros por uma boa razão - para abordar um contexto e uma agenda subjacentes específicos.

A confusão resulta do facto de estes contextos e objectivos se fundirem indiscriminadamente, o que pode dificultar um debate frutuoso entre os principais intervenientes na política de saúde, que têm uma influência considerável no financiamento e na orientação. Consequentemente, os progressos na criação de sistemas que garantam que os prestadores de cuidados de saúde disponham da informação correta, onde e quando dela necessitarem, são dificultados.

Muitas fontes credíveis adoptaram a terminologia para descrever os sistemas locais de EMR que recolhem dados e apoiam os processos de cuidados num encontro. Os exemplos incluem o termo registo médico eletrónico (EMR) preferido pela HIMSS (Davis, Garets, 2006), a utilização pela Gartner do termo registo médico eletrónico (EMR) para sistemas em estabelecimentos de saúde e registos médicos electrónicos (EMR) no sector ambulatório (Edwards, Handler, Rishel 2006) e a nomenclatura do Canada Health Infoway para os sistemas institucionais como registos médicos electrónicos (EMR) e para os sistemas baseados em consultórios como EMR (Canada Health Infoway, 2006).

A utilização do termo "registo de saúde eletrónico" (RSE) parece ser mais ampla na descrição dos sistemas de intercâmbio de informações na jurisprudência. A HIMSS descreve o EHR como "um subconjunto do EMR de cada CDO [organização prestadora de cuidados], assumindo atualmente que inclui resumos como o Registo de Continuidade de Cuidados (CCR) ASTM e o Resumo do Registo de Cuidados (CRS) HL7" (Davis, Garets, 2006), enquanto a Canada Health Infoway descreve o EHR como "um registo seguro, privado e vitalício de dados de saúde e cuidados essenciais no âmbito do sistema de saúde.... disponível eletronicamente para prestadores de cuidados de saúde e indivíduos autorizados, em qualquer lugar e a qualquer momento, para apoiar cuidados de qualidade" (Canada Health Infoway, 2006). No entanto, a Comissão de Certificação das Tecnologias da Informação no domínio da saúde utiliza o termo EHR tanto para os sistemas hospitalares locais como para os sistemas ambulatórios (CCHIT, 2007).

Apesar das relações mútuas e dos interesses comuns no sector, ainda não encontrámos uma linguagem comum para descrever sistemas e dados no contexto mais vasto do intercâmbio de informações entre jurisdições, que é essencial para apoiar os cuidados coordenados que procuramos. Daí o desafio e a sopa de letras de confusão que por vezes surge nos debates nos sectores público e privado dos cuidados de saúde. Porque é que nós, enquanto doentes, nos importamos realmente com o nome que damos aos diferentes sistemas e aos dados que gerem? Enquanto beneficiários de cuidados de saúde, não deveria ser importante saber se o nosso tratamento cirúrgico é registado num sistema de EMR ou CPR ou em que local da região se encontram fisicamente os nossos resultados laboratoriais. O que é importante para nós é que o nosso pessoal de saúde tenha a informação de que necessita para tomar decisões clínicas seguras e eficazes.

Não existe uma resposta universal para a questão de saber qual a terminologia mais adequada. No entanto, para efeitos do presente debate, é útil não nos centrarmos nos sistemas necessários num determinado contexto de cuidados de saúde (por exemplo, consultório de um médico de clínica geral, enfermaria de um hospital). Em vez disso, é útil considerar a informação sobre a saúde dos doentes em geral, independentemente dos sistemas em que está armazenada, e considerar os sistemas no contexto do intercâmbio de informações entre diferentes jurisdições. Um dos melhores candidatos para descrever os elementos necessários para o êxito da agenda da saúde em linha é a nomenclatura proposta pela Organização Internacional de Normalização no seu relatório técnico ISO/TR 20514:2005. Neste documento, um registo de saúde eletrónico é definido como "um repositório de informações sobre o estado de saúde de um doente em suporte informático". Além disso, um registo de saúde eletrónico com um "modelo lógico de informação acordado em comum" é definido como um "registo de saúde eletrónico partilhado" que, ao apoiar cuidados integrados dentro e entre instituições de cuidados de saúde num país, se torna um registo de saúde eletrónico para cuidados integrados (ICEHR). A definição da ISO também distingue entre informação clínica e os sistemas que suportam o seu fornecimento. Descreve os sistemas em que os dados são recolhidos durante o tratamento por um prestador de cuidados de saúde como "sistemas locais de RSE" e os sistemas que suportam um ICEHR como "sistemas comuns de RSE". É demasiado fácil esquecer a separação dos conceitos de a) informação em que os médicos baseiam as suas decisões e b) dados físicos e os sistemas manuais e automatizados que geram essa informação.

Esta distinção entre os dados e os sistemas que os processam é essencial para obter uma imagem clara do ambiente dos CDI em que os médicos trabalham. Raramente os dados com base nos quais os médicos tomam decisões sobre os cuidados de saúde provêm de um único local. Os CDI locais contêm quase sempre algum tipo de registo em papel e os médicos têm frequentemente de recorrer a vários sistemas para encontrar as informações de que necessitam. Algumas organizações têm sido mais ou menos bem sucedidas na integração desta informação através de tecnologias como o registo único ou os repositórios de dados clínicos. Os médicos menos afortunados podem ter de interagir com sistemas separados para registo, laboratório, radiologia, farmácia e outros serviços, para além do fluxo diário de informação em papel.

Análise de projectos de CDI na Austrália, Canadá e Europa

Projectos DSE na Austrália

A principal iniciativa nacional em matéria de CDI planeada para a Austrália é a Health *Connect* - uma rede baseada na Internet que permite a recolha, o armazenamento e o intercâmbio de informações resumidas sobre os doentes ao longo das suas vidas. Uma iniciativa relacionada é o Better Medication Management System (BMMS), que fornece um registo central das informações detidas por médicos, farmacêuticos e hospitais sobre a medicação dos doentes, com o consentimento destes. Os EHRs regionais e federais também estão bastante avançados e muitos deles servirão de sítios-piloto para o Health *Connect*. Os projectos-piloto e a avaliação estarão concluídos até ao final de 2003, antes da implantação nacional.

Projectos de EHR no Canadá

Os principais programas de CDI desenvolvidos pelos governos provinciais canadianos são os seguintes

o sistema PliarmaAet na Colúmbia Britânica, Canadá. Lançado em 1995 para o processamento em linha dos serviços de farmácia, fornece aos farmacêuticos um historial dos medicamentos dos seus pacientes em toda a província, bem como informações completas sobre os medicamentos e verificações automáticas, como as interações. Está disponível nos serviços de urgência dos hospitais e deverá ser alargado aos médicos no futuro;

a rede de informação farmacêutica em Alberta, Canadá. Fornece uma lista completa dos medicamentos dos doentes na posse de médicos, hospitais e farmacêuticos, bem como informações sobre os medicamentos e controlos automáticos. A implementação piloto teve início em 2002. Faz parte do programa Wellnet de Alberta, que tem por objetivo fornecer um quadro para iniciativas provinciais e regionais destinadas a criar uma rede integrada de informação sobre saúde;

Smart Systems for Health é uma iniciativa do Ministério da Saúde e dos Cuidados de Longa Duração do Ontário. Foi lançada há quatro anos com o objetivo de criar a infraestrutura necessária para comunicar de forma segura as informações dos doentes entre os prestadores de cuidados de saúde de toda a província.

Projectos de EDS na Europa

Os sistemas de CDI desenvolvidos na Europa incluem

um registo médico eletrónico centrado no doente, a marcação eletrónica de consultas, a prescrição eletrónica de medicamentos e um registo médico a introduzir em todo o serviço de saúde inglês até 2005. Os ingleses são líderes mundiais na definição de uma agenda nacional para as tecnologias da informação no domínio da saúde e na integração da estratégia da informação nas mudanças a nível da prestação de serviços de saúde. Uma das caraterísticas da abordagem britânica é a vontade de aprender com os êxitos e os fracassos e de financiar o desenvolvimento e a avaliação a longo prazo;

O Ministério da Saúde alemão está a planear um cartão de saúde eletrónico para o processamento de pedidos de seguro de saúde e a emissão de receitas electrónicas, com a possibilidade de armazenar outras informações clínicas. Será lançada uma experiência-piloto no final de 2002-2003, que será avaliada antes da sua introdução;

a introdução progressiva de registos médicos electrónicos, proposta na Irlanda no âmbito de uma estratégia nacional de informação sobre saúde ainda por publicar.

Despesas

Os programas de CED nos países analisados neste estudo mostram que existem muitos desafios comuns e algumas lições importantes para a Austrália.

Os programas-piloto de CDI em Inglaterra e no Canadá demonstram os benefícios de um empenhamento a longo prazo na investigação e avaliação de diferentes modelos de CDI.

É provável que os ensaios e avaliações do *HealthConnect* e do BMMS na Austrália em 2003 demorem mais tempo do que o previsto a produzir resultados utilizáveis.

Na Austrália, o debate público sobre a proteção dos dados e os requisitos de segurança dos sistemas informáticos de gestão de dados ainda não começou. Consequentemente, existe uma falta de compreensão e de consenso entre as partes interessadas sobre esta questão.

O governo canadiano e a União Europeia fizeram avançar estes debates, colocando as questões de privacidade e segurança na agenda das tecnologias da informação no domínio da saúde. Os requisitos de proteção dos dados dos CDI devem fazer parte explícita do programa de trabalho financiado do Conselho Consultivo Nacional para a Gestão da Informação sobre Saúde ou do seu sucessor.

A experiência na Europa e no Canadá mostra que os procedimentos de consentimento dos doentes devem ser simples e fáceis de utilizar pelos consumidores e pelos médicos. Devem ser desenvolvidos procedimentos que tenham em conta o desejo dos indivíduos de controlar a partilha dos seus dados pessoais de saúde com terceiros.

Os sistemas EHR da Austrália beneficiariam se os Comissários para a Proteção de Dados assumissem um papel ativo e público no aconselhamento sobre questões de proteção de dados. Os seus homólogos canadianos e europeus têm-no feito com grande sucesso.

Na Europa e no Canadá, as autoridades governamentais e os peritos em TI no domínio da saúde salientaram as deficiências da PKI e defendem a utilização da infraestrutura de chave pública (PKI) em combinação com outras medidas de segurança. Os governos australianos devem considerar a utilização de sistemas de gestão da confiança, dispositivos biométricos e cartões inteligentes em combinação com a PKI fornecida pela Autoridade de Assinatura da Saúde em Linha.

DESENVOLVIMENTO DE UM QUADRO PARA A CONSTRUÇÃO DE UMA HONRA COMUM

Introdução

Para tomar decisões eficazes da forma mais rentável possível, os profissionais de saúde precisam de ter acesso preciso e atempado a uma quantidade cada vez maior de informações sobre os doentes. Embora muitas pessoas pensem no registo do doente como o repositório de todas as suas informações de saúde, na realidade, estas estão dispersas por uma multiplicidade de diferentes sistemas electrónicos e em papel, muitas vezes espalhados por várias organizações e, por vezes, até por regiões e jurisdições. A incapacidade de aceder rapidamente a uma visão agregada das informações de saúde relacionadas com os episódios de cuidados passados e actuais de um doente pode complicar o diagnóstico, incentivar a repetição desnecessária de exames, comprometer a segurança e, de um modo geral, aumentar os custos dos cuidados de saúde.

Com a crescente mobilidade da sociedade e a especialização dos cuidados de saúde, é mais provável que os doentes se desloquem a vários estabelecimentos de cuidados de saúde, sobretudo quando é necessário um tratamento específico. Esta mobilidade dos doentes entre diferentes prestadores de cuidados de saúde leva à necessidade de trocar os seus dados de saúde, a fim de coordenar e integrar os cuidados em diferentes contextos de prestação de cuidados - um processo que é muito dispendioso e moroso quando feito em papel.

Colocar a informação correta nas mãos dos prestadores de cuidados de saúde - onde e quando for necessária - tornou-se um imperativo estratégico para muitas instituições de cuidados de saúde e para as organizações que as financiam. Ao utilizarem as tecnologias da informação e da comunicação para facilitar a recolha e a transmissão de informações sobre os doentes, estas organizações acreditam que podem alcançar este objetivo:

Melhorar a segurança dos doentes, evitando erros devidos a informações incorrectas ou incompletas sobre os doentes,

melhorar o acesso aos serviços de saúde através da simplificação dos procedimentos, e

Reduzir os custos dos cuidados de saúde através de ganhos de produtividade.

Este quadro prevê que a informação sobre saúde e a arquitetura do sistema que suporta uma visão agregada da informação sobre saúde sejam organizadas em dois níveis: um primeiro nível consiste em sistemas de ponto de atendimento, cujos dados são integrados por um segundo nível que troca dados de saúde com outros prestadores. A simplicidade deste quadro evita confusões devido a diferentes terminologias, ao mesmo tempo que oferece a flexibilidade necessária para se adaptar aos requisitos específicos de cada jurisdição, que determinarão o equilíbrio necessário de investimento entre estes dois níveis.

REQUISITOS DE SAÚDE ELECTRÓNICA

Então, que factores estão a impulsionar os requisitos de saúde em linha nas diferentes jurisdições? Embora a maioria dos projectos regionais de saúde em linha ainda esteja a dar os primeiros passos, é evidente que estão a surgir muitas abordagens diferentes ao intercâmbio eletrónico de dados dos doentes. No entanto, há dois elementos fundamentais que são comuns a todas as jurisdições. Em primeiro lugar, cada país tem as suas próprias estruturas administrativas, que determinam os requisitos dos sistemas de saúde locais e específicos de cada país. Em segundo lugar, os médicos precisam de duas classes diferentes e altamente interdependentes de informação sobre saúde para cuidar dos seus doentes. Cada um destes factores é descrito com mais pormenor nas secções seguintes.

Governação

O intercâmbio eletrónico de dados dos doentes através das fronteiras organizacionais é fortemente influenciado pelas estruturas de governação que existem dentro das organizações participantes e entre elas. Cada organização a nível local, regional ou provincial de um sistema de saúde tem a sua própria agenda e prioridades, cujo historial se reflecte nos seus investimentos em tecnologia. Mesmo nos modelos de governação mais centralizados, haverá uma ampla base de organizações de cuidados de saúde, cada uma com a sua própria história e agenda local, que influenciará as suas decisões em matéria de TIC.

Os sistemas locais de recolha e gestão de dados de saúde são utilizados no contexto da organização local e cada sistema tem de se enquadrar no conjunto único de aplicações herdadas da organização. Pode ser muito difícil, ou mesmo impraticável, criar um conjunto comum de soluções para além das fronteiras de governação. Por conseguinte, é típico que as múltiplas estruturas de governação dêem origem a múltiplos sistemas que armazenam e gerem os dados dos doentes.

Além disso, haverá sempre uma liderança transversal a nível nacional para fazer avançar a política e a prática da saúde, quer se trate de uma estrutura administrativa única ou de um organismo de financiamento e de política que estabeleça o quadro jurídico e regulamentar para a prestação de serviços de saúde. Por natureza, os intervenientes a este nível centram-se na forma de partilhar os dados de saúde no espaço jurídico. Para além das restrições regulamentares, como a gestão de dados, os decisores são influenciados por factores de governação local, como os requisitos específicos das partes interessadas, a tecnologia existente e as preferências dos principais influenciadores da jurisdição.

O que todas as jurisdições têm em comum é o facto de as respectivas caraterísticas, necessidades e preferências, reflectidas nas suas estruturas administrativas, darem origem a um conjunto relativamente único de requisitos e soluções, cada uma delas enquadrada num conjunto contínuo de modelos de prestação que vão desde os altamente centralizados aos altamente descentralizados.

Local vs. partilhado

O segundo fator importante que impulsiona os requisitos de saúde em linha em todas as jurisdições é o facto de existirem duas classes diferentes e altamente interdependentes de dados de saúde dos doentes que são necessários para proporcionar uma visão holística aos clínicos:

Os dados locais são recolhidos pelo prestador durante o episódio de cuidados. Algumas destas informações centram-se mais nos processos de cuidados e são principalmente relevantes para o prestador desse encontro.
Os dados partilhados são recolhidos junto de outros prestadores de cuidados de saúde que são relevantes para o episódio de tratamento atual e representam normalmente um subconjunto dos dados locais. Exemplos de dados partilhados são as alergias, o historial de medicação e os medicamentos actuais, as operações anteriores, o historial médico, o diagnóstico e a lista de problemas, os hábitos de saúde, os tratamentos anteriores e os resultados dos exames.
Num sistema jurídico com uma arquitetura altamente integrada para o intercâmbio de informações, os dados comuns podem ser trocados através da abstração do subconjunto desejado e da sua migração para os sistemas de prestação de cuidados de saúde de outras instituições de saúde. Em ambientes menos integrados, as informações de saúde podem ser trocadas através do acesso a vários sistemas. Existem muitas formas de trocar informações com êxito e de fornecer a visão global dos dados locais e partilhados dos doentes de que o médico necessita.

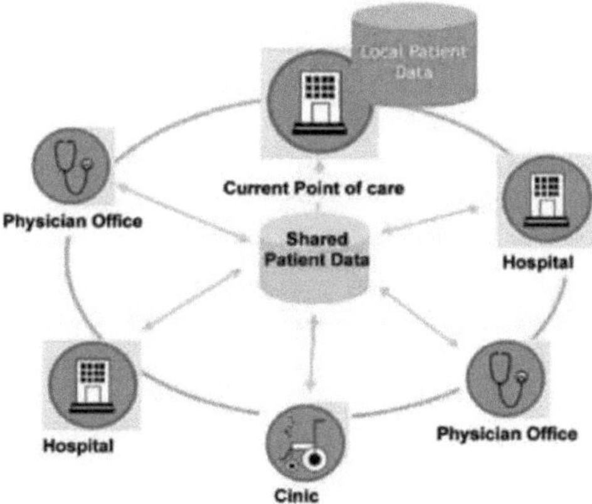

Figura 2.7 - Estrutura local e conjunta de informação ao doente: fonte: www.emergis.com
O acesso a dados locais e partilhados é essencial para melhorar a segurança dos doentes, a produtividade e a qualidade dos cuidados de saúde.
Cuidados.
Suponhamos que um médico encomenda um medicamento a um doente. Muitos estabelecimentos de saúde utilizam alguma forma de avaliação da interação medicamentosa para chamar a atenção do médico para potenciais conflitos entre medicamentos. Na ausência de um historial completo dos medicamentos, compilado por muitos estabelecimentos de saúde, esta ferramenta de apoio à decisão é de pouca utilidade quando um medicamento previamente prescrito tem uma interação grave com o medicamento que está a ser prescrito.
Os pontos comuns entre as questões de governação e os diferentes conjuntos de dados exigidos pelos médicos criam um "efeito dominó" que determina os requisitos de saúde em linha. A governação determina a arquitetura local herdada e os requisitos do sistema, que, por sua vez, determinam os dados a recolher, que, por sua vez, determinam as opções práticas disponíveis para a governação. Este efeito dominó sugere que:
Uma abordagem a dois níveis é mais adequada para o fornecimento de informações agregadas sobre saúde dentro e entre jurisdições; e
Um investimento equilibrado em ambos os níveis garante que as caraterísticas, necessidades e preferências únicas de cada ambiente são tidas em conta.
As duas afirmações acima podem ser uma oportunidade para alguns mencionarem numerosos exemplos de sistemas comuns utilizados num domínio jurídico.

Esta arquitetura não reduz a necessidade de conceber e investir nos dados que contém, para que os médicos disponham das informações de que necessitam para tomar decisões clínicas seguras e eficazes.

FLEXIBILIDADE DA ESTRUTURA

Embora a distinção entre dados e sistemas locais e partilhados pareça simples, as necessidades de cada jurisdição podem implicar um certo grau de sobreposição prática em termos de funcionalidade entre os sistemas de CDI locais e partilhados. O facto de um sistema de gestão de recursos humanos partilhado ter uma funcionalidade de sistema de gestão de recursos humanos local não significa que seja um sistema de gestão de recursos humanos local. É a função de nível superior que define os dados e o sistema.

A título de exemplo, os sistemas locais de CDI dispõem normalmente de informações muito pormenorizadas sobre o episódio de tratamento, com funções de visualização, documentação clínica e registo informatizado de encomendas (CPOE). Os sistemas de CDI partilhados têm geralmente interfaces de utilizador que contêm apenas dados de visualização, mas podem também fornecer funções avançadas, como o CPOE, aos prestadores de cuidados que não dispõem dessa funcionalidade no seu CDI local.

Outro exemplo: há muitas excepções em que um sistema local de DIH é implementado em toda a jurisdição. Embora mantenha todos os atributos de um sistema local, torna-se de facto um sistema comum de DIH simplesmente devido à extensão da sua aplicação.

Como já foi referido, tanto os sistemas locais como os sistemas partilhados de CDI devem ser suficientemente flexíveis para responder às diferentes necessidades de cada ambiente. É possível ver a clareza que se obtém quando as partes interessadas no domínio da saúde em linha distinguem, a um nível elevado e de forma disciplinada, entre os CDI locais e partilhados e entre as informações e os sistemas que fornecem essas informações. Como veremos na secção seguinte, há uma multiplicidade de modelos de implantação que satisfazem as necessidades e os condicionalismos específicos de cada jurisdição aquando da implementação de um sistema de gestão de recursos humanos partilhado.

MODELOS DE UTILIZAÇÃO

Embora a expressão "registo de saúde eletrónico partilhado" pareça implicar uma base de dados única e centralizada, existem, de facto, várias abordagens para a criação de um registo de saúde eletrónico comum. Estas diferentes opções dependem das necessidades específicas das organizações envolvidas e têm em conta os condicionalismos da gestão dos dados, as diferenças tecnológicas e as limitações organizacionais.

Existem muitas opções de arquitetura para a implementação de um sistema comum de CDI. Cada uma delas situa-se numa linha contínua, com os seguintes modelos em cada extremidade:

1) Modelo centralizado. Tal como ilustrado na figura 2.8, este modelo baseia-se num repositório central único no qual são armazenadas as informações comuns sobre os doentes. Os sistemas locais de CDI utilizam este repositório central para armazenar e recuperar um subconjunto acordado de informações sobre cada doente. O sistema partilhado de CDI inclui componentes para autenticar as partes envolvidas em cada transação, autorizar a transação com base nas credenciais dessas partes e registar as informações sobre a transação para efeitos de auditoria e de elaboração de relatórios. Os prestadores de cuidados de saúde que não dispõem de um sistema de registo de dados eletrónico local podem aceder ao armazém central de dados utilizando um navegador Web, através de um portal clínico.

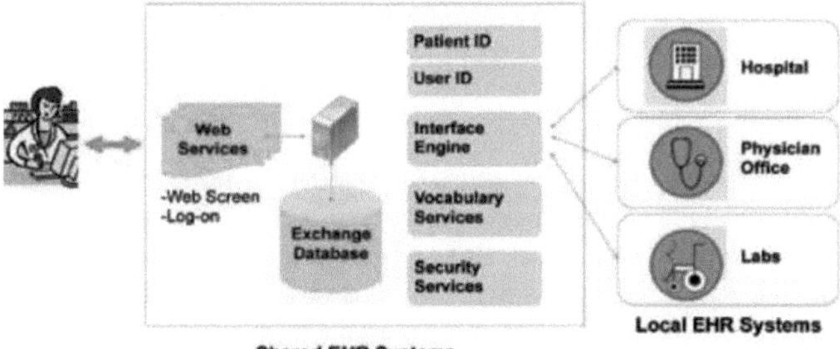

Figura 2.8 - Modelo centralizado: Fonte: www.emergis.com

2. modelo descentralizado ou federado. Neste modelo, os dados dos doentes são recuperados, quando necessário, do sistema em que estão armazenados (ver figura 2.9). Cada um dos sistemas locais de CDI é responsável pela atualização de todas as informações sobre os pacientes que visitaram as instalações onde esses sistemas estão localizados e pela partilha de informações selecionadas sobre os pacientes. O sistema comum de CDI pode incluir um mecanismo para determinar o local onde são armazenadas todas as informações partilhadas sobre um determinado doente, bem como um sistema de mensagens electrónicas para transmitir dados comuns sobre os doentes e efetuar transacções entre os sistemas locais de CDI.

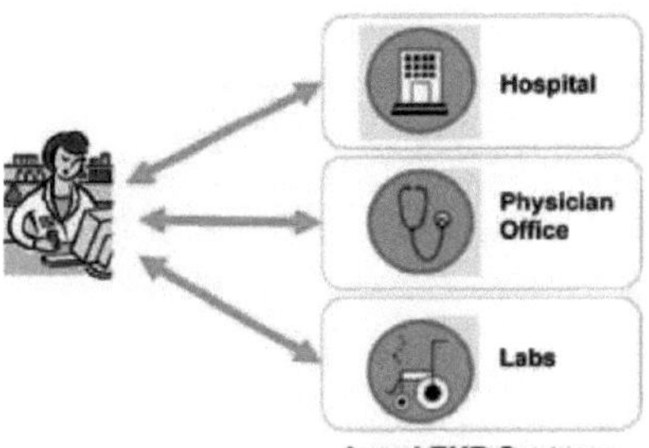

Figura 2.9 - Modelo federado simples - Fonte - www.emergis.com

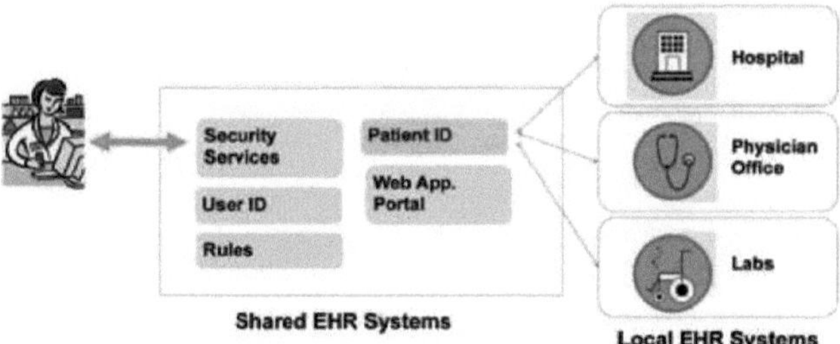

Figura 2.10 - Modelo federado com um sistema comum de CDI - Fonte - www.emergis.com

A principal diferença entre os modelos centralizado e federado é o local onde os dados partilhados dos doentes são armazenados. No modelo federado, os dados partilhados dos doentes são armazenados e mantidos nos sistemas HER locais onde foram criados, ao passo que no modelo centralizado, os dados partilhados dos doentes são armazenados num repositório central.

A criação da infraestrutura exigida pelo modelo centralizado pode tornar a implementação mais dispendiosa e complexa do que o modelo federado. No entanto, quando se considera a facilidade de utilização e o desempenho global, existem várias opções de implementação do modelo federado que podem torná-lo mais complexo e dispendioso. Essas opções incluem

Transferência de dados vs. extração de dados. No modelo centralizado, os dados partilhados dos doentes são transferidos do sistema de EHR local para um único repositório central. No modelo federado, os dados partilhados dos doentes podem ser enviados a partir do sistema de origem do EHR local ou extraídos do sistema EHR comum. No caso mais simples, o utilizador pode ligar-se a cada sistema de gestão de recursos humanos local para procurar e obter os dados pertinentes dos doentes (pull). As implementações mais complexas incluem componentes partilhados do sistema de EHR que ajudam a encontrar os dados dos doentes e apoiam a circulação desses dados. Num modelo federado, é mesmo possível transferir dados de sistemas EHR locais, onde os dados dos doentes são armazenados, para outros sistemas EHR locais que também armazenam informações sobre os doentes.
Intervenção automática ou manual do utilizador. No modelo centralizado, os dados partilhados do doente são automaticamente colocados no repositório central quando são criados e, por isso, estão disponíveis a qualquer momento, se necessário. No modelo federado, a intervenção do utilizador pode ser necessária para recuperar os dados partilhados do doente, mas não é obrigatória. Se os dados tiverem sido transferidos para sistemas EHR locais, geralmente não é necessária qualquer intervenção do utilizador. No entanto, se os dados partilhados dos doentes tiverem de ser recuperados a partir de um sistema EHR local, o sistema EHR partilhado pode automatizar este processo ou permitir que o utilizador recupere os dados partilhados dos doentes a partir de cada sistema EHR local.
Interação com o sistema local de CDI. No modelo centralizado, o utilizador não interage com nenhum dos
Os utilizadores podem ter de interagir com os sistemas locais de CDI em que estão armazenados os dados comuns dos doentes. Em contrapartida, no modelo federado, os utilizadores podem ter de interagir com cada sistema EHR local em que estejam armazenados dados comuns dos doentes e ter os conhecimentos necessários para aceder a esses dados. Este processo pode ser muito simplificado se o sistema de EHR partilhado utilizar técnicas como o início de sessão único e o contexto partilhado do doente para se ligar automaticamente aos sistemas EHR locais e apresentar os dados associados a um determinado doente.

MODELO CENTRALIZADO

Seguem-se três exemplos de modelos de implantação que tendem a situar-se no extremo centralizado do continuum.

Programa Nacional para as Tecnologias da Informação (NPfIT)

Um exemplo importante do modelo de registo médico partilhado centralizado é o Programa Nacional de Tecnologias da Informação (NPfIT) do Reino Unido.
O NPfIT é um sistema abrangente e totalmente integrado de registos médicos electrónicos locais e partilhados, que permite aos profissionais de saúde aceder às informações dos doentes de forma segura, quando e onde for necessário.
O NPfIT é constituído por um sistema nacional comum de CDI, gerido pela Agência Nacional de Saúde (NHS) Connecting for Health, e por sistemas locais de CDI, geridos por hospitais e estabelecimentos de cuidados primários.
O Serviço de Registos de Cuidados do NHS (NHS CRS) é um componente importante do NPfIT que apoia o intercâmbio de informações sobre os doentes. A peça central do CRS é a "Spine", uma base de dados nacional centralizada que contém informações essenciais sobre o estado de saúde dos doentes, bem como resumos de encontros de cuidados e eventos clínicos. A informação resumida sobre os doentes disponível através da "Spine" inclui
As informações pessoais de saúde, tais como alergias a medicamentos, resultados laboratoriais e historial de medicação, são fornecidas pelo Personal Spine Information Service (PSIS).
Os dados demográficos, tais como os endereços, são armazenados a nível nacional, mas são acessíveis através dos

sistemas locais de CDI. Estes dados são fornecidos pelo Serviço de Dados Demográficos Pessoais (PDS).

Como se pode ver na Figura 2.9, a NPfIT é composta por aplicações nacionais comuns a todos os utilizadores e por sistemas locais que respondem às necessidades de instituições ou comunidades específicas. As aplicações nacionais são colocadas sob a responsabilidade de um fornecedor nacional de serviços de aplicações, que fornece o software e o suporte para o registo médico partilhado, bem como os serviços de infraestrutura que suportam um conjunto coerente de princípios de confidencialidade e segurança dos doentes.

NPfIT

Year Initiated:	2002
Area Served:	England
Governance:	Delivered by the Connecting for Health Agency, established in April 2005 as the single national IT provider for the National Health Service.
Services:	

- Care Records Service (CRS) – Enable clinicians to access patients' records securely, when and where they are needed.

- Electronic Booking Service (eBooking) - Enables general practitioners (GP) and other primary care staff to make appointments for patients with clinicians or other health care professionals.

Transmissão eletrónica de receitas (eTP) - Permite aos prescritores de clínica geral criar e transmitir receitas electrónicas através do seu sistema informático.

Rede Nacional (N3) - Liga todas as organizações do NHS e fornece a infraestrutura de TI, serviços de rede e de voz e ligações de banda larga para satisfazer as necessidades de TI do NHS.

Serviço de correio eletrónico e diretório (NHSMail) - Fornece um serviço de correio eletrónico seguro e centralizado que permite a troca segura de dados sensíveis entre contas NHSMail.

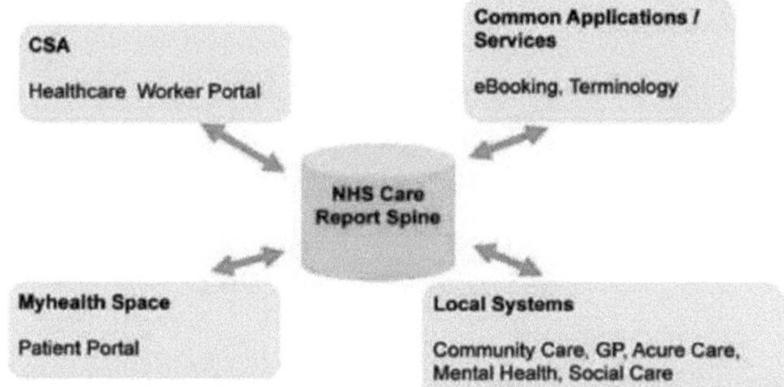

Figura 2.11 - Relação entre os sistemas locais e o NPfIT Spine - Fonte - www.emergis.com Os cinco prestadores de serviços locais (LSP) são responsáveis pelas aplicações a nível local. Estes prestadores de serviços locais asseguram que os sistemas locais de gestão de recursos humanos existentes cumprem as normas nacionais e facilitam o fluxo de dados entre os sistemas locais e nacionais.

2. Rede Eletrónica de Saúde Infantil (eCHN)

Um exemplo canadiano de um modelo centralizado é a Electronic Children's Health Information Network (eCHN), uma organização sem fins lucrativos financiada pelo governo e dedicada a fornecer soluções electrónicas para o intercâmbio de informações sobre doentes entre várias instituições de cuidados de saúde na província do Ontário.

Originalmente fundada em 1997 para facilitar o intercâmbio de informações pediátricas entre hospitais de Toronto e arredores, a capital da província, a eCHN liga atualmente um número crescente de hospitais e outros estabelecimentos de saúde em toda a província.

O registo de saúde eletrónico centralizado e partilhado da eCHN baseia-se na HiNet (Health Information Network), um sistema seguro em que os dados médicos de uma criança são disponibilizados eletronicamente a um prestador de cuidados de saúde quando e onde forem necessários. Como mostra a Figura 2.10, este repositório central armazena informações sobre os doentes provenientes das unidades de saúde participantes, incluindo resultados laboratoriais, notas médicas, radiografias, informações sobre consultas e informações demográficas pessoais. O HiNet provou ser tão eficaz na prática que o Ministério da Saúde e dos Cuidados de Longa Duração da Província do Ontário está agora a considerar a possibilidade de utilizar a mesma tecnologia como base para um sistema nacional de registos de saúde electrónicos comum a toda a população do Ontário.

Echn

1997Um conglomerado de todas as organizações que prestam cuidados pediátricos na área de Toronto Area (GTA), a Rede de Saúde Infantil de Toronto, para trocar informações sobre práticas de saúde e cuidados pediátricos.

1999A HiNET é lançada e os prestadores de cuidados de saúde têm acesso aos dados criados . num dos cinco sítios da GTA. Os médicos da área de Toronto também podem aceder às informações dos doentes a partir do computador do seu consultório.

A 2002eCHN estende-se para além das fronteiras da GTA com dois novos membros.

A 2003eCHN abrange o Norte do Ontário e a região de Otava. A organização de ajuda às crianças O Eastern Ontario Hospital, bem como uma série de novos hospitais comunitários, outros consultórios médicos e centros de acesso a cuidados comunitários no Norte, estão a ser acrescentados à lista.

2006O crescimento da eCHN continua com a chegada de três novos centros pediátricos terciários. Além disso, os restantes centros de acesso a cuidados comunitários, os centros de tratamento infantil, outros médicos e muitos outros hospitais comunitários e universitários estão a aderir à eCHN.

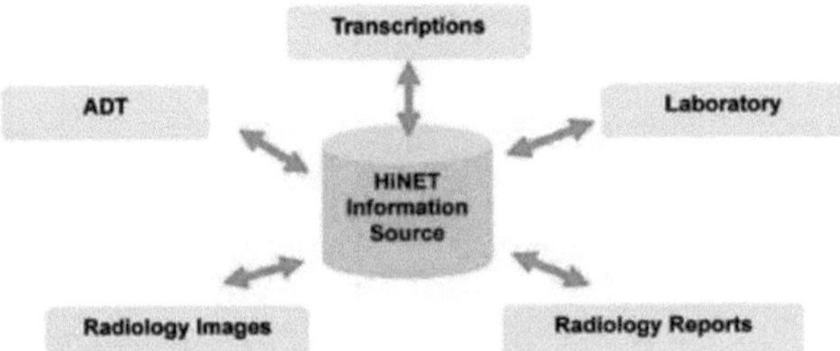

Figura 2.12 - Fontes de informação HiNET: Fonte - www.emergis.com

3. Careconnect.sa

Nos casos em que várias organizações são geridas pela mesma instituição, pode ser utilizado um registo médico eletrónico partilhado centralizado para armazenar todos os dados dos doentes, eliminando a distinção entre um registo médico eletrónico local e um registo médico partilhado. Um bom exemplo desta abordagem é o programa Careconnect.sa na Austrália do Sul. Uma vez que todos os estabelecimentos financiados pelo Estado estão sob o controlo do Ministério da Saúde, foi implementado um sistema único de registo médico eletrónico que acabará por ser utilizado por todos os estabelecimentos de saúde do Sul da Austrália.

O sistema EHR careconnect.sa integra-se com os vários sistemas clínicos de cada unidade de saúde e armazena os dados dos doentes gerados por estes sistemas num único repositório. Os dados armazenados neste repositório incluem dados demográficos dos doentes, encontros, consultas externas, medicamentos, resultados laboratoriais e relatórios de radiologia. O careconnect.sa

A aplicação Clinical Display fornece acesso centralizado a este registo integrado de doentes em linha. Até à data, a Austrália do Sul integrou o HER centralizado nos sistemas clínicos dos seus oito principais hospitais, que servem cerca de 80% da população do estado.

Careconnect.sa

Year Initiated:	1997 for an initial pilot in renal units of four urban hospitals in Australia
Area Served:	South Australia with a population of 1.5M people, 1.1M of whom live in Adelaide
Governance:	A program of the Government of South Australia Department of Health
Functionality:	• Clinical Display • Order Entry • Separation Summary • Nursing Discharge Letter
Utilization Statistics:	• 6,125 active users • Patient record reviewed every 9 seconds • Electronic order placed every 53 seconds • Separation summarized every 5 minutes

MODELO DESENVOLVIDO

Eis um exemplo de um modelo de implantação no extremo descentralizado do continuum.

Ponte de Saúde

O HealthBridge é um exemplo de um modelo de registo médico eletrónico partilhado federado, em que os dados são transmitidos para sistemas EMR locais. Foi criado para simplificar a distribuição da documentação clínica dos hospitais membros aos médicos cujos pacientes visitam esses hospitais para serviços de ambulatório (como testes laboratoriais e diagnóstico por imagem). A HealthBridge recolhe a documentação clínica associada a estes serviços e fornece-a ao "médico de registo" de cada doente.

Quando o HealthBridge foi originalmente concebido, os hospitais membros não queriam armazenar os dados dos seus doentes num repositório central, nem queriam lidar com os problemas de gestão de dados associados a um modelo centralizado. É por isso que a HealthBridge se baseia numa arquitetura de mensagens clínicas que transmite as informações dos doentes aos médicos.

Um elemento crucial desta arquitetura federada é o servidor local HealthBridge, que está localizado em cada hospital membro. Os sistemas locais de EHR de cada hospital enviam uma cópia das informações clínicas relevantes de cada paciente para o servidor local HealthBridge, que por sua vez transforma essas informações em formatos de dados padrão. O servidor HealthBridge local carrega os dados agregados dos pacientes em intervalos regulares para um servidor de distribuição central, que reúne as informações de todos os hospitais membros para criar relatórios específicos para cada paciente.

Cada relatório é enviado por via eletrónica ao médico responsável pelo doente em causa.

Ponte de Saúde

Year Initiated:	1997
Area Served:	Southwest Ohio, northern Kentucky, and southeastern Indiana
Governance:	Not-for profit organization whose members include hospital corporations in and around the Cincinnati, Ohio area
Services:	Distribution of clinical documents to area physicians, physician access to member IT systems, physician transcription, and Internet connectivity

Para além de transmitir os dados clínicos dos doentes, a HealthBridge também oferece um portal que permite aos médicos aceder a uma série de bases de dados e aplicações geridas e controladas pelos hospitais membros. O portal não proporciona um início de sessão único para estas aplicações. Em vez disso, cada hospital membro garante a segurança das suas próprias aplicações internas acedidas através do HealthBridge. Por conseguinte, os médicos têm de introduzir várias palavras-passe, o que por vezes se revela fastidioso.

Antes da introdução do HealthBridge, um médico não sabia quando um teste tinha sido efectuado ou a que hospital o doente se tinha dirigido para fazer o teste. Os médicos e o pessoal hospitalar faziam sistematicamente chamadas telefónicas para pedir os resultados dos exames. Hoje em dia, os dados dos doentes são transmitidos automaticamente ao médico em vários formatos (eletrónico, fax ou papel), alguns dos quais podem ser utilizados pelos sistemas locais de EHR no consultório do médico.

MODELO HÍBRIDO

Um EHR partilhado contém normalmente dados de vários domínios, incluindo, entre outros, resultados laboratoriais, historial de medicação, historial de consultas, relatórios e imagens de diagnóstico por imagem e dados demográficos dos doentes. Os dados associados a cada um destes domínios podem ser partilhados através de um modelo centralizado ou de um modelo federado. Os sistemas comuns de EHR que utilizam ambos os modelos - o modelo centralizado para alguns domínios e o modelo federado para outros - são classificados como modelos híbridos.

CareConnect

Um bom exemplo de um modelo híbrido é o CareConnect, o EHR conjunto da Vancouver Coastal Health (VCH) e da Providence Health Care (PCH). A VCH foi criada pela fusão de várias pequenas autoridades de saúde na parte inferior do continente da Colúmbia Britânica e presta uma vasta gama de cuidados agudos, permanentes e comunitários em zonas urbanas e rurais. A PHC, uma comunidade de saúde católica para os residentes de Vancouver, na Colúmbia Britânica, recebe financiamento e colabora com a VCH.

Quando a VCH foi criada, a autoridade sanitária herdou uma série de sistemas clínicos, financeiros e administrativos diferentes. Embora atractiva, a consolidação destes sistemas foi considerada impraticável a curto prazo. No entanto, os médicos que trabalham nos diferentes locais necessitavam urgentemente de aceder aos dados dos doentes armazenados nestes diferentes sistemas. A VCH abordou este problema de uma forma muito pragmática e decidiu renunciar à tarefa morosa e difícil de integrar os dados entre os diferentes sistemas. Em vez disso, a VCH optou pelo que é conhecido como "integração visual", que permite um acesso fácil a cada sistema. Não é o sistema, mas o médico que é responsável pela integração dos dados dos diferentes sistemas para obter uma imagem global do estado de saúde do doente.

Como mostra a Figura 2.11, o portal clínico CareConnect é a principal ferramenta utilizada pelos profissionais de saúde para aceder aos dados dos doentes. Esta ferramenta controla o acesso à informação dos doentes e permite que os profissionais de saúde procurem um doente específico. Para cada doente selecionado, o portal apresenta dados demográficos, historial médico e outros dados clínicos importantes. Uma vez selecionado o doente pretendido, os profissionais de saúde podem utilizar o portal para aceder a outros sistemas clínicos. São automaticamente ligados a cada um destes sistemas e a informação armazenada em cada sistema sobre o doente selecionado é automaticamente recuperada e apresentada. No entanto, os profissionais de saúde precisam de saber como utilizar cada sistema e podem ter de aceder a vários deles para reunir um conjunto completo de informações sobre o doente.

Muitos dos sistemas a que os prestadores de cuidados de saúde acedem, como o PathNet (resultados laboratoriais) e o PharmaNet (historial de medicação), são sistemas provinciais baseados num modelo centralizado para o domínio específico em que operam. Consequentemente, a CareConnect utiliza tanto um modelo federado como um modelo centralizado para a partilha de informações de saúde.

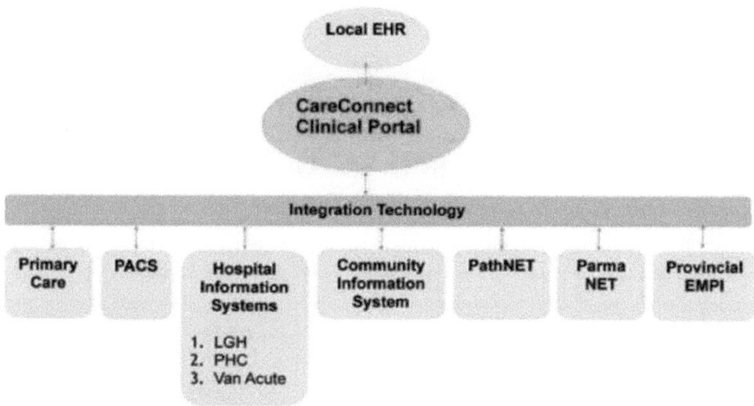

Figura 2.13 - Care Connect: Fonte - www.emergis.com

PONTOS NUM CONTÍNUO

Como o demonstram os exemplos citados na presente síntese, existem diferenças consideráveis nas abordagens arquitecturais utilizadas para a aplicação de um sistema comum de gestão de recursos humanos. Estas diferenças devem-se a uma série de factores, nomeadamente

Modelo de governação que influenciou a escolha de um modelo federado para a HealthBridge e de um modelo centralizado para a South Australia.

Restrições técnicas que levaram à escolha de um modelo federado simples para o domínio clínico na Vancouver Coastal Health, em vez de um modelo centralizado para a eCHN.

A classificação de um sistema de registo médico partilhado como centralizado ou federado nem sempre é óbvia. Existe um continuum de escolhas arquitectónicas, sendo que alguns pontos deste continuum têm mais em comum com um modelo do que com o outro. Talvez o exemplo mais notável seja o do Indiana Health Information Exchange (IHIE), muito bem-sucedido e bem divulgado, que é classificado na literatura publicada como federado, centralizado e centralizado-federado. Como mostra a figura 2.12, a arquitetura comum dos CDIE da IHIE não assenta num repositório único no qual são armazenados todos os dados dos doentes. Em vez disso, os dados dos doentes são convertidos do formato em que estão armazenados em cada EHR local e armazenados num repositório separado (edge proxy) numa localização central. A informação sobre cada doente é coligida a partir dos diferentes repositórios e armazenada num Master Patient Index (MPI) central, de forma a cruzar as referências dos doentes de todas as organizações participantes.

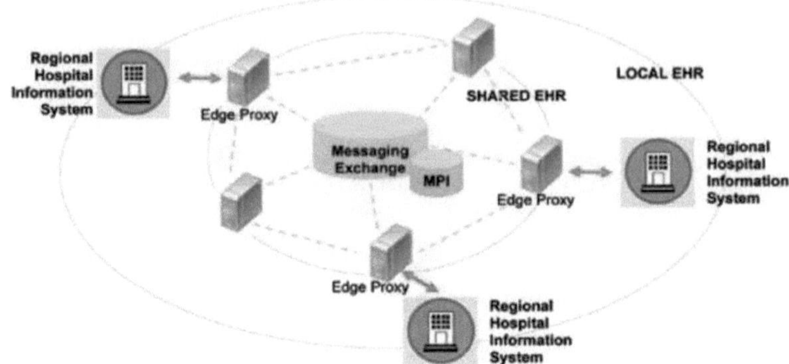

Figura 2.14 - Arquitetura HIE: Fonte - www.emergis.com

Tal como acontece com a utilização de termos como EMR, EHR e EPR, a classificação arquitetónica é menos importante do que o reconhecimento de que as arquitecturas comuns de EHR podem ser concebidas para satisfazer as necessidades específicas das organizações em causa. Além disso, não existe uma arquitetura "melhor" ou "correta" em termos absolutos. O que importa é a que melhor se adapta às organizações participantes para garantir a utilização clínica e a viabilidade financeira a longo prazo.

Antecedentes do sistema de informação sobre saúde do Quénia

Alteração em relação à situação atual

O projeto de sistema de informação sanitária para o Quénia foi elaborado em 1972 por um comité composto por representantes do Ministério da Saúde, da Organização Mundial de Saúde, do Serviço Central de Estatística (atualmente o Serviço Nacional de Estatística do Quénia) e do Gabinete do Procurador-Geral. Foi então concebido e testado um projeto-piloto em três distritos, que ficou concluído em 1976 e cujas propostas e recomendações foram adoptadas.

Na sequência da mudança de política a favor do distrito como prioridade para o desenvolvimento rural em 1984, o Ministério da Saúde descentralizou os seus relatórios através da criação de gabinetes de sistemas de informação sanitária em todos os distritos, onde todos os dados sanitários de todas as unidades sanitárias deveriam ser processados.

Desde então, outros eventos se seguiram. Entre eles, o Plano Estratégico Nacional para o Setor da Saúde (1999-2004), que formulou a estratégia do Ministério para reforçar o seu papel de coordenação com o sector privado e as organizações não governamentais na prestação de serviços de saúde, sendo essencial o desenvolvimento e a implementação adequados de sistemas integrados de informação sobre saúde.

Na altura, o Ministério da Saúde ainda dispunha de sistemas de informação fragmentados baseados em dados. Estes incluíam sistemas de informação centrais autónomos, sistemas de informação verticais e software. Esta situação continuava a dificultar a integração. Muito pouca informação circulava entre as instituições e as províncias. Verificou-se que grande parte da informação sanitária essencial para um planeamento, acompanhamento e avaliação eficazes a todos os níveis não estava disponível.

Os esforços para melhorar a função WHMIS podem ser ilustrados pelas seguintes iniciativas e programas:

o Quadro da Política de Saúde do Quénia (KHPF) 1994 - 2010 e os planos de execução subsequentes (1996)

Relatório de avaliação das necessidades do WHMIS (2003)

o Plano Estratégico Nacional para o Setor da Saúde II (NHSSPII) 2005 - 2010, intitulado "Inverter as tendências actuais".

Tudo isto pôs em evidência os domínios que necessitam de atenção imediata. Estes domínios incluem

integração de ferramentas de recolha de dados e de elaboração de relatórios
mecanismos de fluxo de dados melhorados
Apoio à função de controlo distrital
Fornecer diretrizes políticas claras para o SIS
melhorar os mecanismos de feedback a todos os níveis
Em suma, investir mais no desenvolvimento de sistemas de informação sanitária eficazes teria muitos benefícios e permitiria aos decisores a todos os níveis do sector da saúde adquirir competências.

O novo papel dos dadores

Os doadores desempenharam um papel importante no desenvolvimento do departamento de HMIS, complementando os esforços do governo. Por exemplo, o HMIS recebeu apoio a vários níveis para a reestruturação, a formação do pessoal e o fornecimento de equipamento e outros recursos. É de salientar que, no âmbito da abordagem setorial (SWAP), foi recentemente criado um grupo de trabalho visível de doadores e parceiros de execução que assinaram um código de conduta (COC) que os reúne. Consequentemente, reforçaram agora a sua participação colectiva e não individual. Este objetivo foi alcançado através do programa de trabalho conjunto e do financiamento. Os parceiros de desenvolvimento do Ministério da Saúde são o Banco Mundial, a USAID, o DFID, a SIDA, a DANIDA, a JICA, a GTZ, o CDC, a UNICEF, o FNUAP e a OMS.

Controlo de documentos - Intervenções planeadas

Nos últimos anos, foram adoptadas várias iniciativas no âmbito do WHMIS. Algumas das recomendações anteriores incluem

- A conceção de novos sistemas e instrumentos de dados e de informação depende da natureza e da gama de indicadores selecionados.

Rever e reestruturar o Sistema de Informação de Gestão da Saúde (HMIS) a todos os níveis, a fim de produzir informações completas, adequadas, exactas, oportunas e acessíveis para apoiar a tomada de decisões, o desenvolvimento de políticas, as funções técnicas, de coordenação e de regulamentação do Ministério da Saúde e do sector da saúde em geral.
Desenvolver normas e protocolos de gestão da informação eficazes e aplicáveis a nível nacional.
Desenvolver uma política de fluxo de dados/informação e de feedback.
informatização do sistema de gestão e tratamento de dados, incluindo a introdução de computadores novos e mais potentes a vários níveis do sistema de informação de gestão da saúde.
Criação de um dicionário de dados técnicos com "Diretrizes de utilização".
Definir diretrizes de comunicação para os diferentes níveis e intervenientes no sistema de informação de gestão da saúde.
Desenvolver uma estratégia de divulgação e um mecanismo institucional que permita aos utilizadores do sistema de informação trabalhar eficazmente a todos os níveis.

Desenvolvimentos recentes do WHMIS

Harmonização dos instrumentos de recolha de dados

No ano passado (2008), o HMIS concluiu com êxito o processo de harmonização e racionalização dos indicadores de saúde a serem recolhidos no sector da saúde através de um processo setorial. Foram então desenvolvidos e acordados novos formulários, que estão agora disponíveis para as unidades de saúde para recolha de dados e elaboração de relatórios.

Lista principal de estabelecimentos

Em janeiro de 2009, foi realizado um workshop de consenso para o sector da saúde no Quénia. Em consonância com um importante objetivo de integração de dados no sector da saúde, o objetivo deste seminário era compilar uma lista exaustiva de todas as instalações de saúde no sector da saúde e atribuir um código único a cada instalação de saúde.

Este objetivo foi alcançado. Estes códigos únicos seriam então utilizados como base para a normalização dos elementos de dados nas bases de dados, para o intercâmbio de dados e como referência para todas as instituições de saúde. Verificou-se que, antes desta iniciativa, existiam várias listas não coordenadas.

Esta normalização, por si só, abre a possibilidade de integração de dados entre instituições e organizações que produzem e utilizam dados sobre instituições de saúde.

Software de gestão da saúde

Existem várias aplicações informáticas para o sector dos cuidados de saúde em utilização em muitos países do mundo. Algumas são proprietárias, outras são de código aberto. No caso do software proprietário, a informação técnica não está tão facilmente disponível como no caso do software de fonte aberta, em que está disponível ao público. É importante acrescentar que, no Quénia, existem algumas iniciativas relativas a aplicações de fonte aberta no sector da saúde.

Noutros países, estão disponíveis os seguintes fornecedores e software de aplicação:

Software de Informação Sanitária Distrital (DHIS) - desenvolvido pelo Programa de Sistemas de Informação Sanitária (HISP). Este software é utilizado principalmente para a agregação de dados.

Open Medical Record System (OpenMRS) - é um sistema de registos médicos de fonte aberta para países em desenvolvimento. O sistema é utilizado para gerir registos médicos electrónicos.

EpiSurveyor - uma aplicação de recolha de dados desenvolvida pela DataDyne

eHMIS

OpenClinic - um sistema de informação hospitalar totalmente integrado desenvolvido pela Medical Exchange Solutions (MXS)

VoXiva/Phones4Health - uma empresa que desenvolve aplicações multicanais para prestadores de cuidados de saúde

iHRIS SUITE - um sistema de informação sobre recursos humanos

Sistema de gestão de registos AMPATH (ARMS) - Sistema de gestão de registos electrónicos para doentes com VIH/SIDA, criado na parte ocidental do Quénia pela Universidade de Moi e pela Universidade de Indiana. A sua implementação envolve a utilização de geradores, uma solução para zonas sem eletricidade ou onde o fornecimento de eletricidade não é fiável.

O Zambia Electronic Perinatal Record System (ZEPRS) é um sistema de registo médico eletrónico (EMR) utilizado por maternidades públicas e por um hospital (o University Teaching Hospital) em Lusaca, na Zâmbia.

Modelo WHMIS

Este modelo concetual de HMIS integrado é modular. O módulo HMIS incluiria a mortalidade e a morbilidade, a vigilância de doenças, a gestão de doentes (internados e ambulatórios), a gestão de laboratórios, a gestão de farmácias, programas como a tuberculose, a malária, o VIH/SIDA, a vacinação, a saúde infantil, a nutrição, a saúde reprodutiva, a saúde mental, os serviços de oftalmologia, etc.

A informação de gestão é recolhida por outros módulos, tais como logística e aprovisionamento, recursos humanos, inventário de equipamento e funções financeiras e contabilísticas.

Outros módulos são externos, mas fazem parte integrante deste HMIS. Estes incluem os registos de vida, o recenseamento, os inquéritos demográficos, o clima e o ambiente. Poderosas ferramentas de modelação, como os Sistemas de Informação Geográfica (SIG) e os Sistemas de Apoio à Decisão (SAD), utilizam os dados do sistema integrado.

Módulos que melhoram a tomada de decisões e o planeamento a baixo custo.

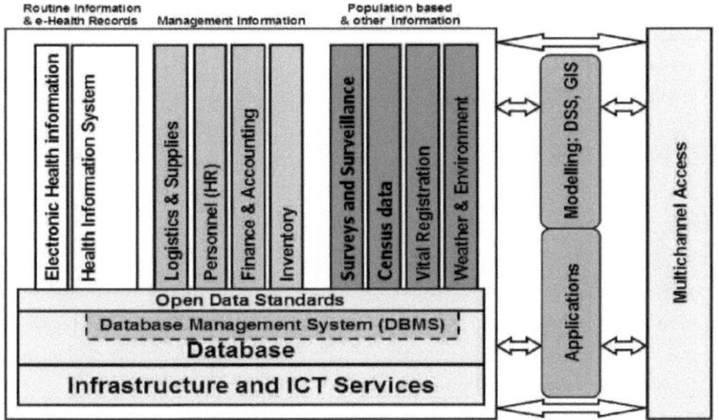

Figura 2.15: Modelo concetual de um SIMH integrado. Fonte: Relatório final sobre o software SIMH, UNES (2009)

A integração e a interoperabilidade são conseguidas através da utilização de normas de dados abertos na base de dados. O quadro 2.1 enumera as normas abertas. O quadro também contém informações sobre onde podem ser obtidas.

Open Standard	Custodians (Source)
1. Patient registry (patient health card)	KEBS/ISO (Health informatics committee)
2. Master facility list (Facility Codes)	HMIS (Phones4Health)
3. Facility Department codes	HMIS
4. Drug codes	KEMSA and MEDS
5. District and Province codes	KNBS
6.Constituency, Division, Location, Sub-location codes	KNBS
Reporting tools indicators (Indicator Registry)	HMIS
International Statistical Classification of Diseases and medical procedures (ICD) (Disease Codes)	WHO – ICD
Human Resource database (ILO Codes)	ILO
Reporting guidelines and time-lines	HMIS
Data security	KEBS /ISO (Health informatics committee)
Data collection, dissemination and management protocols	HMIS
Medical data dictionary	HMIS

Quadro 2.1: Normas e fontes abertas

Todos os sistemas de saúde devem utilizar os mesmos códigos normalizados.

O acesso multicanal refere-se à utilização de interfaces adequadas para o HMIS integrado. Estas incluem telemóveis, WAP, Web, PDA, IVR, clientes de PC, telefones inteligentes, SMS, etc. Embora o desenvolvimento de software que incorpore diferentes canais de acesso implique um ligeiro aumento da carga de trabalho, o princípio deve ser mantido, uma vez que diferentes canais de acesso são adequados para diferentes grupos de utilizadores em função do seu ambiente.

A figura 16 ilustra o fluxo de dados e o feedback entre o município, a escola, o distrito, a província e o nível nacional, bem como a integração com bases de dados externas.

A nível municipal, os dados são transmitidos manualmente para a escola e da escola para o distrito; a transmissão é manual ou eletrónica. A transmissão entre os distritos e o nível nacional é feita eletronicamente. A província pode aceder eletronicamente aos dados do nível nacional.

Os seguintes dados, entre outros, são recolhidos a nível dos estabelecimentos: HIS, carga de trabalho, FIS e inventário. A nível distrital, são recolhidos, entre outros, os seguintes dados: Logística e abastecimento, pessoal, inventário, relatórios de dados das unidades sanitárias. A nível provincial, são recolhidos os seguintes dados: HIS e inventário.

2.10.4.11.1 Conclusão

A saúde em linha, resultado da adoção das TIC no sector da saúde, é o caminho do futuro para qualquer hospital empenhado em prestar serviços de saúde de elevada qualidade, eficientes e rentáveis. As ferramentas TIC no sector da saúde estão a ter um impacto cada vez mais importante na recolha e no fluxo de informações em todas as áreas da saúde. O catalisador de mais benefícios é o desenvolvimento de outras aplicações que melhoram ainda mais a partilha de dados e informações sobre a saúde dos doentes, porque o que faz o sector da saúde funcionar é a eficiência do fluxo de informações.

Foram identificados vários desafios para a saúde em linha. Os doentes não têm confiança devido à falta de segurança, privacidade e confidencialidade, enquanto os prestadores de cuidados de saúde se vêem confrontados com a falta de compreensão da tecnologia e com a mudança dos processos de trabalho. Os criadores de sistemas e os prestadores de cuidados deparam-se com a falta de políticas e normas coerentes, de legislação e de normas e diretrizes estabelecidas.

O capítulo seguinte descreve a metodologia de investigação utilizada para recolher e estudar a utilização atual das TIC no tratamento dos dados e da informação dos doentes, as atitudes dos prestadores de cuidados de saúde em relação à introdução de ferramentas TIC e as barreiras à introdução de sistemas de informação automatizados de gestão da saúde.

CAPÍTULO TRÊS: METODOLOGIA DE INVESTIGAÇÃO

Introdução

Uma análise da literatura sobre o papel estratégico das TIC nos cuidados de saúde mostra que estão a ser utilizadas diferentes tecnologias para prestar serviços de saúde por via eletrónica. Os países industrializados estão na vanguarda da exploração do potencial das TIC nos cuidados de saúde. Verificou-se que a utilização das TIC nos cuidados de saúde está atrasada em relação a outros sectores de serviços. É igualmente demonstrado que as aplicações das TIC vão desde a introdução de um simples sistema de informação sobre saúde num hospital até à ligação de centros de saúde geograficamente dispersos através da utilização de tecnologias de telecomunicações. Destaca ainda as principais questões que devem ser resolvidas para que a informatização dos serviços de saúde seja plenamente adoptada pelos agentes envolvidos.

A revisão da literatura também mostra que a introdução bem sucedida de sistemas electrónicos de cuidados de saúde não se baseia numa solução única, uma vez que as necessidades e as infra-estruturas dos centros de saúde são muito diferentes, mas sim nas necessidades específicas do centro de saúde em causa, que devem ser previamente estudadas, conduzindo a sistemas de informação de saúde feitos à medida. Por conseguinte, foi necessário determinar a viabilidade e a eficácia dos centros de saúde que prestam cuidados de saúde por via eletrónica através de um sistema eletrónico de informação sanitária. Esta metodologia de investigação é descrita no presente capítulo.

A capacidade de trocar dados clínicos entre prestadores de cuidados de saúde sem papel, em tempo útil e com uma boa relação custo-eficácia, provou ser a maior inovação das TIC nos cuidados de saúde (Espinosa, 1998). A utilização de computadores e de software associado nos cuidados de saúde permite a recolha, o armazenamento e o processamento de dados de saúde dos doentes, incluindo dados clínicos, administrativos e biográficos, enquanto as intranets e as extranets, enquanto tecnologias comuns, fornecem os meios para transferir a informação resultante. O principal obstáculo à saúde em linha nos hospitais de todo o mundo é o subinvestimento, a segurança, a falta de normas e a falta de pessoal especializado em tecnologia.

O inquérito exige a recolha de dados sobre as percepções e opiniões dos prestadores de cuidados de saúde sobre a saúde em linha. A secção 3.1 começa por descrever o desenvolvimento e a conceção do inquérito, seguindo-se a estrutura do questionário na secção 3.2. A secção 3.3 descreve a escolha da dimensão da amostra, seguida do procedimento na secção 3.4. A secção 3.5 explica o consentimento, seguido da análise dos resultados na secção 3.6.

Desenvolvimento e conceção do inquérito

Existem várias categorias de métodos de recolha de dados primários, incluindo medições laboratoriais, observação no terreno, arquivos, questionários e entrevistas (Royce et al., 1993). No entanto, no contexto deste estudo, apenas os questionários são adequados para a recolha dos dados necessários, uma vez que são necessários os pontos de vista de um grande grupo de prestadores de cuidados de saúde. Os questionários oferecem uma abordagem mais estruturada para a recolha e registo de dados, pelo que foram escolhidos para este inquérito. O inquérito envolveu entrevistas a todos os departamentos de unidades de saúde selecionadas na província de Nairobi e, em particular, ao pessoal diretamente envolvido nos cuidados aos doentes.

Estrutura do questionário

O questionário foi concebido de forma a que cada objetivo do inquérito fosse tratado numa secção separada. A primeira secção do questionário solicitava informações gerais, pedindo-se aos inquiridos que fornecessem informações gerais sobre a organização de cuidados de saúde para a qual trabalham (ou seja, nome, tipo, propriedade) e informações pessoais (ou seja, posição profissional, departamento, idade, sexo e nível de educação). Foi adoptada uma abordagem estruturada, combinando formatos fechados com opções de resposta e alguns formatos abertos. As opções de resposta incluíam formatos de resposta como "sim" ou "não", respostas simples, enquanto outras exigiam respostas múltiplas. Este método de recolha de dados garante taxas de resposta elevadas e permite um inquérito fácil. Os formatos de perguntas fechadas fornecem dados normalizados que podem ser analisados estatisticamente e permitem uma fácil codificação e registo para processamento informático.

Seleção de uma amostra de beneficiários e dimensão adequada da amostra

Foi selecionada uma amostra adequada, constituída por um grande número de médicos, responsáveis pelos dados e informações de saúde e pacientes de unidades de saúde públicas e privadas da província de Nairobi. Os informadores-chave incluíram: (1) pessoal dos registos médicos (HRIO, MRO, agentes/técnicos), (2) enfermeiros, (3) pessoal hospitalar, (4) médicos, (5) técnicos de laboratório, (6) farmacêuticos/técnicos farmacêuticos, (7) administradores hospitalares e doentes. Na ausência de financiamento específico para este estudo, não foi possível realizar um inquérito de âmbito nacional, pelo que esta amostra aleatória foi a única abordagem viável.

O distrito da cidade de Nairobi tem um total de 404 estabelecimentos de saúde (**HIS, PHRIO, DHRIO - MOH 715 Regresso de 30 de setembro de 2009. Atualização: 5 de novembro de 2009)**

Foram selecionadas 70 escolas em toda a província de Nairobi.

Type of facility	Number in the province	Proportion by ratio (1:5.6)	Number of staff to be interviewed (max = 5 per facility)	Number of patients to be interviewed (max = 4 per facility)
Dispensary	131	23	115	92
Health Centre	70	12	60	48
Medical Clinic	107	19	95	76
Other-Nursing home with Maternity	14	2	10	8
Nursing home without Maternity	5	1	5	4
Other Health Facility	4	1	5	4
Other Hospital	39	7	35	28
Primary Hospital	2	1	5	4
Tertiary Hospital	2	1	5	4
VCT Centre (Stand-Alone)	30	5	25	20
Total	**404**	**70**	**360**	**2848**
		Population size	**Staff**	**360**
			Patients	**288**

Quadro 3.2 Instalações de saúde no Quénia - (província de Nairobi). Instalações por tipo.

Procedimento

Os questionários foram distribuídos nas unidades de saúde por entrega em mão a uma amostra transversal de prestadores de cuidados de saúde, profissionais de saúde e pacientes. Antes do início do inquérito final, foi realizado um inquérito preliminar no hospital distrital de Thika e no centro de saúde de Ruiru. O objetivo era testar a eficácia da metodologia de investigação e identificar quaisquer dificuldades que não tivessem sido previstas. Um total de 30 inquiridos participaram no inquérito-piloto. Os dados recolhidos foram codificados e introduzidos no SPSS (Statistical Package for Social Sciences) versão 11.5 para processamento, permitindo a análise dos resultados. As perguntas que pareciam pouco claras foram corrigidas e as partes que não pareciam significativas foram eliminadas. A fiabilidade do questionário foi verificada utilizando o SPSS (Statistical Package for Social Sciences) versão 11.5 nos dados finais do inquérito.

Aprovação

Antes de realizar este estudo, obtive o acordo do Diretor Provincial de Saúde Pública e Saneamento (Província de Nairobi) para apoiar o estudo. Ele deu-me uma carta de apresentação (Anexo 4) para que eu pudesse visitar instalações de saúde na província de Nairobi.

No caso dos hospitais privados, tive de me dirigir aos estabelecimentos de saúde selecionados e pedir aos gestores de topo que participassem no projeto de investigação.

Avaliação dos resultados

O objetivo do inquérito era determinar que informações eram necessárias para ajudar os prestadores de cuidados de saúde e os gestores de registos médicos no seu trabalho quotidiano. Pretendia igualmente determinar a forma como os prestadores de cuidados de saúde encaravam a introdução de um PHMIS eletrónico. Assim, a análise das respostas foi efectuada medindo o número e a frequência de cada resposta e, em seguida, apresentando o número e a percentagem de respostas disponíveis. A análise da percentagem permitiu-nos assim identificar a opinião maioritária sobre cada questão. As respostas foram cruzadas dentro da secção para analisar a relação entre determinadas respostas. Por exemplo, a percentagem de informações solicitadas diretamente ao doente foi comparada com a das outras secções.

Alguns inquiridos não puderam responder a certas perguntas, por exemplo, as relativas às ferramentas TIC e aos obstáculos à introdução de um PHMIS eletrónico. A razão para esta não resposta foi o facto de os inquiridos não terem compreendido a pergunta ou não terem podido escolher uma das opções de resposta propostas. Alguns inquiridos escolheram mais do que uma opção de resposta, embora só lhes fosse pedido que escolhessem uma.

Os dados recolhidos foram codificados e introduzidos no SPSS (Statistical Package for Social Sciences) versão 11.5, permitindo a análise dos resultados. Os dados analisados foram apresentados sob a forma de tabelas e diagramas e serviram de base a recomendações e ao desenvolvimento de um modelo adequado para um sistema eletrónico de informação em saúde.

Conclusão

O inquérito foi realizado através de um questionário estruturado e de entrevistas pessoais. Os inquiridos provinham de diferentes departamentos de cada uma das instituições de saúde visitadas. A taxa de resposta foi de 63%, com um total de 228 questionários dos 360 recebidos da população inquirida. No total, foram distribuídos e devolvidos 246 questionários de doentes. Alguns doentes e prestadores de cuidados recusaram-se a preencher os questionários por não compreenderem o objetivo para o qual tinham sido convidados a participar no inquérito. Os resultados do inquérito foram analisados para determinar a percentagem de respostas possíveis para cada pergunta. A análise destes valores permitiu atingir o objetivo do inquérito. Os resultados do inquérito e a sua análise são descritos em pormenor no capítulo seguinte.

CAPÍTULO: QUATRO: RESULTADOS DO INQUÉRITO E AVALIAÇÃO

4.0. Introdução

Este estudo analisou as informações necessárias para ajudar os prestadores de cuidados de saúde no seu trabalho diário, as informações trocadas entre eles e as suas opiniões sobre o desenvolvimento de um sistema de informação eletrónico para o sector da saúde. A amostra incluiu um grande número de médicos, responsáveis pelos dados e pela informação e doentes de estabelecimentos de saúde públicos e privados da província de Nairobi. Os dados foram recolhidos através de questionários junto da população entrevistada. Os dados foram analisados utilizando o Statistical Package for Social Sciences (SPSS versão 11.5). Os resultados da investigação foram apresentados sob a forma de diagramas, quadros e figuras.

Informações gerais sobre a população da amostra deste estudo

O inquérito dirigiu-se a profissionais de saúde, gestores de dados e informações de saúde e doentes em estabelecimentos de saúde públicos e privados na província de Nairobi. O estudo revelou que 33,8% (n=77) dos profissionais de saúde que responderam eram do sexo masculino, enquanto 66,2% (n=151) eram do sexo feminino.

Distribuição etária da população da amostra

O estudo revelou que o pessoal destes estabelecimentos de saúde que respondeu tinha idades diferentes. A distribuição etária entre 18 e 24 anos foi de 6,6% (n=15), entre 25 e 34 anos 29,6% (n=67), enquanto a maioria dos inquiridos tinha entre 35 e 44 anos, 58,4% (n=132), e entre 45 e 54 anos, 4,9% (n=4), embora um inquirido tivesse entre 55 e 64 anos, 0,4% da população do estudo.

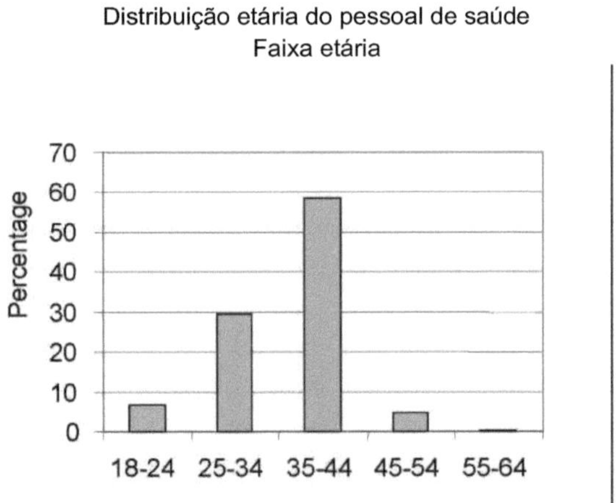

Distribuição etária do pessoal de saúde
Faixa etária

Percentage
70
60
50
40
30
20
10
0
18-24 25-34 35-44 45-54 55-64

Figura 4.1 mostra a distribuição etária dos trabalhadores das unidades de saúde inquiridas.

Quando questionados sobre a idade dos doentes, não se verificou uma diferença de idade significativa em relação ao pessoal, embora a maioria dos doentes fosse jovem. A distribuição etária dos doentes era a seguinte: 31,3% (n=77) tinham entre 18 e 24 anos, 23,3% (n=57) tinham entre 25 e 34 anos e 28,9% tinham entre 35 e 44 anos.
(n=71), em comparação com 14,6% (n=36) para as pessoas com 45-54 anos e 0,4% (n=1) e 1,6% (n=4) para as pessoas com 55-64 e 65-74 anos, como mostram as Figuras 4.1 e 4.2.

Nível de ensino mais elevado

No presente estudo, 38,6% (n = 88) dos inquiridos possuíam um certificado, 51,8% (n = 118) um diploma, 6,1% (n = 14) um diploma superior, 0,9% (n = 2) um bacharelato e 2,2% (n = 5) um mestrado. Um inquirido (0,4%) tinha um doutoramento.

Ocupação da população incluída na amostra

A maioria dos entrevistados eram gestores de registos médicos e um número considerável eram clínicos. No entanto, o estudo revelou a existência de outras categorias profissionais. Os resultados são apresentados no quadro seguinte:

O quadro 4.1 apresenta as posições profissionais da população da amostra

(N = 228)

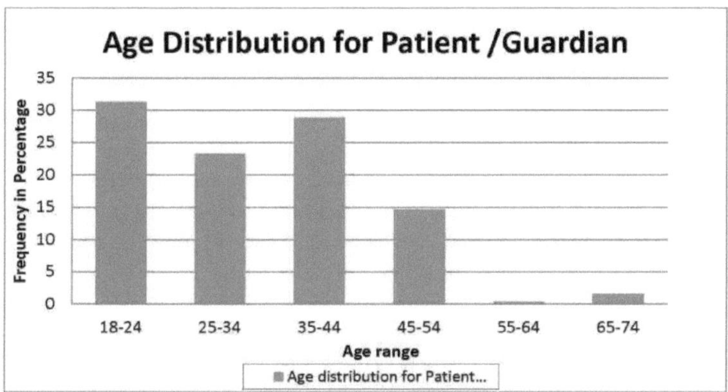

Figure 4.2 showing the Age Distribution of Patient/Guardian respondents.

Position in the Health Service	Frequency	Percentage
Enrolled Community Nurses	6	2.6
Kenya Registered Nurses	2	0.9
Kenya Registered Nurse/Midwife	1	0.4
Kenya Registered Community Health Nurses	32	14.1
Clinical officers	47	20.7
Doctors	4	1.8
Pharmacists	23	10.1
HRIOs	2	0.9
MROs	1	0.4
Health Record Clerks	58	25.6
Clinical Laboratory Technologists	17	7.5
Clinical Laboratory Technician	32	14.1
Others	2	0.9
Total	**228**	**100**

Os serviços em que o investigador entrevistou o pessoal.

O estudo foi realizado em vários departamentos destas unidades de saúde na província de Nairobi, incluindo pediatria, medicina, cirurgia, obstetrícia/ginecologia, departamentos ambulatórios especializados e departamentos ambulatórios gerais. Outros sectores incluíam laboratórios, registos médicos e informação, farmácias, administração e outros. Os resultados deste estudo revelam que a maioria dos inquiridos provém do serviço de ambulatório geral, com 36,8% (n=84), seguido do serviço de registos médicos e informação com 26,3% (n=60), dos laboratórios com 21,9% (n=50) e das farmácias com 10,1% (n=23), como mostra a Tabela 4.2 abaixo:

Name of the Department	Frequency	Percentage
Pediatrics	1	0.4
Medicine	1	0.4
Surgery	1	0.4
Obstetrics/Gynecology	3	1.3
Specialized Outpatient	1	0.4
General Outpatient	84	36.8
Laboratory	50	21.9
Health Records and Information	60	26.3
Pharmacy	23	10.1
Administration	1	0.4
Others	3	1.3
Total	**228**	**100**

(N = 228)

O quadro 4.2 apresenta os serviços em que o investigador entrevistou o pessoal.

Departamentos onde os doentes se encontraram com o investigador

O investigador encontrou-se com pacientes em vários departamentos destas unidades de saúde na província de Nairobi, incluindo o departamento de pediatria, o departamento de medicina, o departamento de cirurgia, o departamento de obstetrícia/ginecologia, o departamento de consultas externas especializadas e o departamento de consultas externas gerais. Os outros departamentos eram os laboratórios, os registos e informações médicas, a farmácia, a administração, a radiologia, a fisioterapia e as finanças hospitalares. Os resultados estatísticos são apresentados sob a forma de tabela no quadro 4.3:

A tabela 4.3 mostra as enfermarias onde os doentes se encontraram com o investigador.

Name of the department	Frequency	Percentage
Pediatric	5	2.1
Medicine	6	2.5
Surgery	5	2.1
Obstetrics/Gynecology	5	2.1
Specialized Outpatient	2	0.8
General Outpatient	81	33.9
Physiotherapy	1	0.4
Radiography	10	4.2
Laboratory	38	15.9
Psychiatry	1	0.4
Health Records and Information	29	12.1
Pharmacy	34	14.2
Hospital Finance	6	2.5
Administration	8	3.3
Others	8	3.3
Total	**228**	**100**

O estudo revelou que os serviços gerais de cuidados ambulatórios, os laboratórios, os registos e informações de saúde e a farmácia foram os sectores mais importantes, com um grande número de inquiridos.

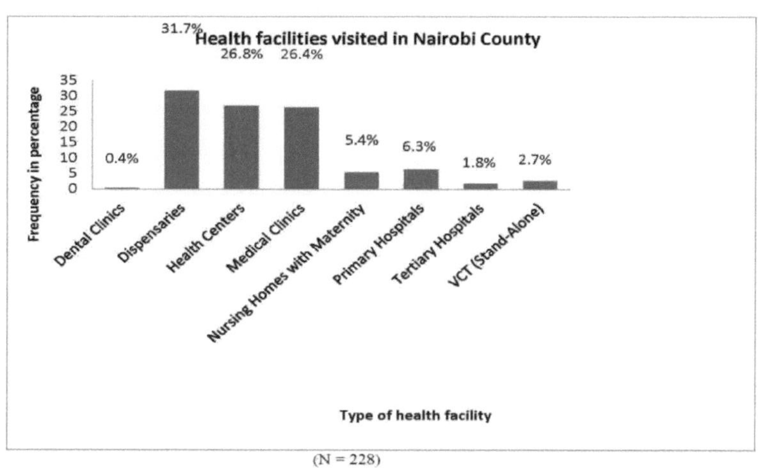

(N = 228)

Figure 4.3 Showing health facilities the researcher visited in Nairobi Province

Tipo de estabelecimento de saúde

O estudo revelou que havia diferentes tipos de instalações de saúde na província de Nairobi. Estes incluíam clínicas dentárias com 0,4% (n=1), farmácias com 31,7% (n=71), centros de saúde com 26,8% (n=60), clínicas médicas com 26,4% (n=55), maternidades com 5,4% (n=12), hospitais primários com 6,3% (n=14), hospitais terciários com 1,8% (n=4) e VCT (isolado) com 2,7% (n=6). Dispensários, centros de saúde e clínicas médicas foram os estabelecimentos de saúde mais frequentemente encontrados pelo investigador; estes resultados são apresentados na Figura 4.3 abaixo:

Proprietário do estabelecimento

O investigador realizou um estudo das unidades de saúde pertencentes a várias instituições, incluindo o Secretariado Católico da Conferência Episcopal do Quénia, outras instituições religiosas, o Ministério da Saúde das autoridades locais, outras instituições públicas, organizações não governamentais, empresas médicas privadas, outras instituições privadas e unidades de saúde semi-públicas. A maioria dos inquiridos pertencia a estabelecimentos de saúde privados (39,5%), seguidos de estabelecimentos geridos pelas autoridades locais (25,4%), pelo Ministério da Saúde (11,8%) e por outras organizações religiosas (10,5%), como mostra o Quadro 4.4.

O quadro 4.4 apresenta a repartição da propriedade dos estabelecimentos de saúde.

(N = 228)

Name of the Facility Owner	Frequency	Percentage
Kenya Episcopal Conference Catholic Secretariat	8	3.5
Other Faith-based Organizations	24	10.5
Local Authority	58	25.4
Ministry of Health	27	11.8
Other Public Institutions	3	1.3
Non-Governmental Organizations	10	4.4
Private Medical Enterprises	2	0.9
Other Private Institutions	90	39.5
Parastatals	6	2.6
Total	**228**	**100**

Situação atual da utilização das TIC

Resultados

Sensibilizar os doentes/responsáveis para a utilização do computador

O estudo revelou que dos 246 inquiridos que se encontraram com o investigador nestes estabelecimentos de saúde, para além dos funcionários, 89,0% eram doentes e 11,0% eram prestadores de cuidados. Quanto à questão de saber se os inquiridos, tanto os doentes como os prestadores de cuidados, tinham conhecimento da utilização de computadores nestes estabelecimentos de saúde, apenas 38,2% (n=94) tinham conhecimento e 58,5% (n=144) não tinham, embora 3,3% (n=8) dos inquiridos se tenham recusado a responder ou não tenham sido convincentes.

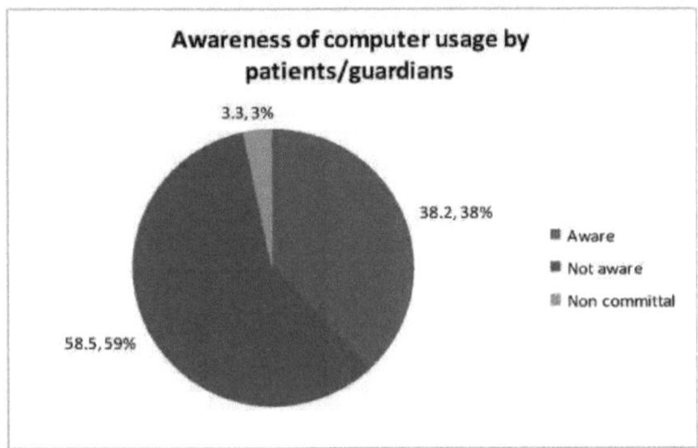

A Figura 4.3 mostra o grau de familiaridade dos doentes/tutores com a utilização do computador.

Sensibilizar os administradores hospitalares, os diretores das instalações e os chefes de departamento para a utilização das TI.

No que diz respeito aos administradores hospitalares, diretores hospitalares e chefes de departamento, todos os inquiridos confirmaram ter conhecimento da utilização de computadores no sector da saúde, embora apenas 25% deles utilizassem computadores nos seus departamentos, enquanto 75% não tinham nenhum nos seus departamentos. Os doentes/prestadores de cuidados informados sobre a utilização de computadores em diferentes departamentos deram as suas respostas como se mostra no quadro 4.5 abaixo.

que indica a percentagem de consciencialização dos doentes/guardiões sobre a utilização do computador em vários departamentos

Departments Computers are used	Aware	Not Aware	Not Sure
Pediatric	35.7%	16.1%	48.2%
Medicine	48.5%	12.1%	39.4%
Surgery	66.7%	15.0	18.3%
Obstetrics/Gynecology	40.0%	10.9%	49.1%
Specialized Outpatient	43.1%	10.3%	46.6%
General Outpatient	47.5%	18.0%	34.4%
Physiotherapy	35.8%	22.6%	41.5%
Radiography	75.0%	8.9%	16.1%
Laboratory	75.8%	12.1%	12.1%
Psychiatry	30.0%	26.0%	44.0%
Health Records and Information	72.6%	9.7%	17.7%
Pharmacy	71.9%	10.9%	17.2%
Hospital Finance	97.2%	1.4%	1.4%
Administration	79.1%	7.5%	13.4%
General Stores	55.9%	11.9%	32.2%

Os resultados do estudo mostram que 46,7% dos inquiridos que sabiam que os computadores eram utilizados em diferentes departamentos visitaram estas unidades de saúde quando não havia computadores, enquanto 53,3% as visitaram quando havia computadores. Em termos de prestação de serviços, 96,7% dos inquiridos que encontraram computadores nestas unidades de saúde concordaram que os computadores tinham melhorado os serviços nestes departamentos, enquanto apenas 3,3% discordaram.

Do ponto de vista dos doentes/prestadores de cuidados, os computadores melhoraram a prestação de serviços em vários departamentos (ver quadro 4.6 abaixo).

Indicar quais os serviços que melhoraram o desempenho dos doentes/cuidadores.

Improved department Service delivery	Frequency	Percentage
Surgery	3	3.1
Specialized Outpatient	2	2.1
General Outpatient	9	9.3
Radiography	2	2.1
Laboratory	11	11.3
Health Records and Information	7	7.2
Pharmacy	13	13.4
Hospital Finance	40	41.2
Administration	10	10.3

Os administradores hospitalares, diretores hospitalares e chefes de departamento citaram a farmácia, o laboratório, a administração, a radiologia e as finanças hospitalares como departamentos que utilizam computadores. A figura 4.4 abaixo ilustra estes resultados.

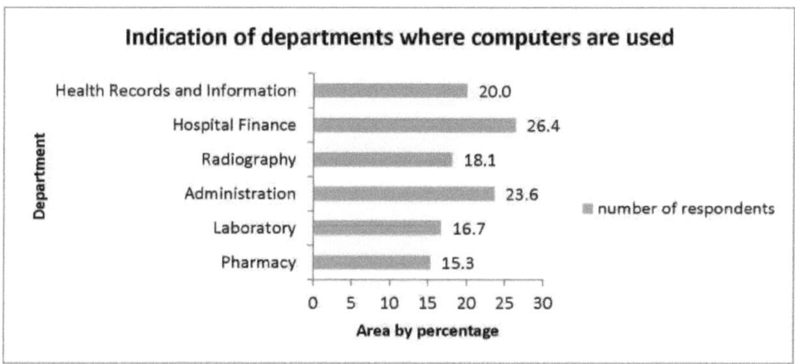

Figure 4.4 showing Hospital Administrators, Heads of Facilities, and Heads of departments indications of the departments where computers were used.

Avaliação

Do ponto de vista dos pacientes/utentes, foi no departamento financeiro do hospital que os computadores melhoraram mais a prestação de serviços, seguindo-se a farmácia e o laboratório, por esta ordem. Isto indica que o departamento financeiro do hospital é o departamento em que os pacientes/utentes recebem principalmente serviços expressos diretamente do pessoal do hospital através da utilização de computadores. Na maior parte dos outros serviços, como os registos e informações médicas, a cirurgia, as consultas externas de especialidade, as consultas externas gerais, a radiologia e os dados/informações de saúde, os computadores são utilizados de forma limitada.

Na perspetiva dos administradores hospitalares, gestores de instalações e chefes de departamento, as áreas em que os computadores têm sido utilizados nos departamentos incluem a introdução de dados, o armazenamento de dados, a recuperação de dados e a análise de dados. Isto indica claramente que a maior parte das actividades informáticas nos hospitais são realizadas por pessoal administrativo e de escritório para actividades de gestão financeira. Mostra também que o pessoal administrativo está muito sensibilizado para a utilização das TI, enquanto o nível de sensibilização é muito baixo entre os prestadores de cuidados de saúde, como os médicos, o pessoal clínico e os enfermeiros.

Utilização atual das ferramentas TIC

Resultados

Os inquiridos foram questionados sobre a forma como interagiam com os doentes, recolhiam os dados dos doentes e partilhavam os dados dos doentes nos hospitais e entre eles.

No que diz respeito à utilização de ferramentas TIC, o estudo revelou que 25,4% dos médicos, farmacêuticos, clínicos, enfermeiros e técnicos de laboratório clínico interagiam com os seus pacientes por telefone, enquanto 99,6% interagiam face a face com os pacientes. Isto significa que a utilização de ferramentas TIC ainda não está generalizada nestes estabelecimentos de saúde no que diz respeito à interação médico-doente.

No que diz respeito à recolha de dados dos doentes, 97,3% dos inquiridos registaram os dados dos doentes em registos clínicos, não existindo registos electrónicos, embora 2,7% dos inquiridos tenham recusado responder. Os resultados da investigação mostram que 96,1% dos prestadores de cuidados de saúde e do pessoal dos registos médicos confirmaram a partilha de informações médicas dentro e entre hospitais, enquanto apenas 3,9% não o fizeram. Partilharam dados de saúde dos doentes pelas seguintes razões

. A regulamentação exige que os registos médicos dos doentes sejam transmitidos aos responsáveis clínicos, ao laboratório e depois ao farmacêutico, de modo a que os medicamentos

. Para que os colegas de trabalho possam confirmar certos relatórios, nomeadamente os relatórios terapêuticos.

. Encaminhando os doentes de um serviço para outro, por exemplo, do laboratório para o médico.

. Em particular, partilharam os relatórios elaborados no final de cada turno.

Os que não partilharam as informações médicas dos doentes justificaram a sua decisão com o facto de os registos dos doentes deverem ser deixados aos profissionais de saúde, gestores de dados/informações de saúde qualificados, e de todos os outros gestores deverem procurar ajuda nos sistemas de informação de saúde, uma vez que as informações dos doentes devem ser mantidas confidenciais. Este estudo revelou que os programas de aplicação eram muito pouco utilizados. Os programas de aplicação utilizados incluem o MS-Access, MS-Excel, MS-Word, FTP, GIS, Health CIS, Care2000-ERP e e-Hospital.

Avaliação

Os resultados do inquérito mostram que todos os inquiridos e todos os departamentos processam as informações sobre os doentes apenas manualmente, pelo que os registos físicos são a única forma de armazenamento.

A maior parte do software mencionado no inquérito só estava disponível em estabelecimentos privados ricos, onde o software é utilizado principalmente para actividades financeiras e administrativas, e não para melhorar os cuidados de saúde. O sistema FTP, disponível em todos os gabinetes distritais da DHRIO, é utilizado para transmitir dados de saúde diretamente para o SIMH do Ministério da Saúde. O SIG (Sistema de Informação Geográfica), também disponível em todos os gabinetes de saúde distritais da DHRIO, é utilizado para mapear as unidades de saúde no SIG. É utilizado especificamente para registar a latitude e a longitude, bem como a distância entre as unidades sanitárias. Foi testada em 2009 em distritos de saúde selecionados no Quénia, mas está agora totalmente operacional em todos os distritos de saúde. A outra aplicação, mais recente, é a ferramenta de Gestão e Verificação de Dados de Saúde, cuja função é verificar os dados gerados a nível dos estabelecimentos de saúde e os dados agregados a nível distrital. É capaz de produzir gráficos resumidos que destacam as discrepâncias entre os dois conjuntos de dados (ou seja, resumos primários e secundários). A ferramenta ainda não está operacional.

Infra-estruturas TIC existentes

Resultados

O estudo revelou que as ferramentas TIC, tais como computadores portáteis, computadores de secretária, servidores, impressoras, PDA e telemóveis, são utilizadas nos estabelecimentos de saúde.

A Figura 4.5 abaixo mostra a percentagem de inquiridos (administradores hospitalares, gestores de instalações e chefes de departamento) que indicaram a disponibilidade de ferramentas TIC nas instalações de cuidados de saúde. 24,1% (N=58) dos inquiridos indicaram que os computadores de secretária e as impressoras estavam igualmente disponíveis. Apenas 1,8% (N=4) dos inquiridos indicaram a disponibilidade de computadores portáteis e servidores nas unidades de saúde. 2,2% (N=5) indicaram que os PDA e os telemóveis estavam disponíveis nas unidades de saúde.

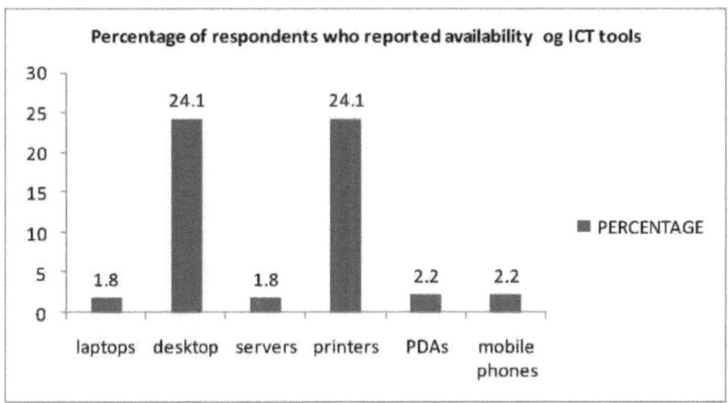

Fig 4.5 Number of respondents who reported availability of ICT tools

97,8% dos administradores hospitalares, diretores de instalações e chefes de departamento concordaram que não existia uma LAN empresarial, e apenas 2,2% concordaram. A este respeito, não havia acesso à Internet, uma vez que nenhum dos inquiridos dispunha de uma ligação à Internet.

Avaliação

Em geral, o número de computadores portáteis, servidores, PDAs e telemóveis é muito baixo e distribuído de forma desigual. Parece que existe muito pouco equipamento TIC disponível para utilização nas unidades de saúde. Os computadores disponíveis a nível distrital são utilizados para a função WHMIS de recolha de dados a nível distrital e para a elaboração de relatórios. Os PDA estão também disponíveis em todos os distritos sanitários e são utilizados pelos coordenadores distritais da tuberculose e da lepra (DTLC) para introduzir dados nos registos. Foi comunicado que o Programa Alargado de Imunização do Quénia (KEPI) criou um mecanismo de transferência de dados que utiliza telemóveis para transmitir os stocks de vacinas dos distritos de saúde para os gabinetes ministeriais. Espera-se que o KEPI ajude na transmissão de dados, disponibilizando horas de consulta. No cenário atual, a sustentabilidade não é assegurada todos os meses, o que dificulta o processo de elaboração de relatórios. As DHRIOs utilizam os seus próprios telemóveis para realizar esta tarefa.

A atual ligação entre os registos distritais e a sede do HMIS é feita através de telefones sem fios fornecidos pelo HMIS. Foi relatado que o HMIS fornece modems Safaricon para a transmissão de dados e que os distritos são responsáveis pelo custo da transmissão de dados FTP. Nos casos em que não há financiamento disponível, os DHRIOs usam cibercafés para aceder à Internet a expensas próprias.

Satisfação dos empregados/respondentes com as aplicações

Resultados

A satisfação individual com o sistema utilizado para processar a informação dos doentes foi testada em termos de conteúdo, exatidão, formato, facilidade de utilização e atualidade. As unidades de medida ordinais utilizadas foram "nunca", "raramente", "cerca de metade das vezes", "a maior parte das vezes" ou "sempre". Os resultados são apresentados nos quadros seguintes:

Table 4.7 showing the level of satisfaction on Content of the application

Content	Seldom	Half of the Time	Most of the time
How often the information content meet their needs.	0%	8.6%	91.4%
How often the system provided reports that seem to exactly they needed	3.4%	50.0%	46.6%
How often the system provided sufficient information	1.7%	12.1%	86.2%

Table 4.8 showing the level of satisfaction on Accuracy of the application

Accuracy	Seldom	Half of the Time	Most of the time
How often the system was accurate	0%	8.6%	91.4%
How often they were satisfied with the accuracy of the system	3.4%	51.7%	44.8%
How often the system was accurate	3.4%	13.8%	82.8%

Table 4.9 showing the level of satisfaction on Format of the application

Format	Seldom	Half of the Time	Most of the time
How often the output was presented in a useful format	8.6%	12.1%	79.3%
How often the information was clear	5.2%	8.1%	79.3%

Table 4.10 showing the level of satisfaction on Easiness to use on the application

Easy to use	Seldom	Half of the Time	Most of the time
How often the system was user-friendly	32.8%	8.6%	58.6%
How often system was easy to use	3.5%	43.9%	52.6%

Avaliação

Os resultados do inquérito apresentados nesta secção indicam, em geral, que a utilização de sistemas electrónicos melhoraria a eficácia e a eficiência dos cuidados de saúde.

Em termos de conteúdo, exatidão e formato, verificou-se que o sistema eletrónico satisfaz as necessidades dos utilizadores, fornecendo informações suficientes e exactas no formato adequado. Isto indica que os sistemas electrónicos melhoram a análise e a apresentação da informação, a fim de facilitar a interpretação dos dados e a sua utilização para a tomada de decisões. Isto pode ser explicado pelo facto de os gráficos, quadros e diagramas poderem ser criados através de aplicações informáticas.

Cerca de metade dos inquiridos concordaram que o sistema era fácil de utilizar na maioria dos casos. Este facto pode ser explicado pela falta de conhecimentos técnicos dos inquiridos.

Metade dos inquiridos estava apenas moderadamente satisfeita com o fornecimento atempado de informações actualizadas. Esta situação pode dever-se a uma manutenção deficiente do hardware e do software, que conduz a lentidão ou avarias do sistema.

Obstáculos à adoção e utilização das TIC

Resultados

O estudo foi realizado para identificar os obstáculos à introdução de um sistema eletrónico de informação de gestão da saúde. Os resultados abrangem as opções "sem obstáculos", "obstáculos menores", "obstáculos maiores" ou "não sei", como se pode ver de seguida:

Quadro 4.12: Barreiras à adoção e utilização das TIC

Barriers	Not a barrier	Minor barrier	Major barrier	Do not know
Amount of capital needed to purchase and implement an Electronic Health Management Information System	12.8%	30.1%	54.9%	2.2%
Uncertainty about the return on Investment (ROI) from a Health	27.2%	39.9%	24.6%	8.3%

Table 4.11 showing the level of satisfaction on Timeliness of the application

Timeliness	Never	Seldom	Half of the Time	Most of the time
How often the information needed was got in time	32.8%	3.4%	60.3%	3.4%
How often up to date Information was provided	0.0%	32.8%	60.3%	6.9%

Information System				
Concerns about the ongoing cost of maintaining a health information System	17.5%	38.6%	32.0%	11.8%
Resistance to implementation From other health care providers (e.g. Nurse, Doctor, Physiotherapists')	14.5%	40.4%	41.7%	3.5%
Lack of capacity to select, contract for, and implement an Electronics Public Health Information System	10.1%	52.6%	35.1%	2.2%
Lack of adequate IT staff	3.1%	42.5%	49.6%	4.8%
Concerns about inappropriate disclosure of Patient Information	6.1%	39.0%	46.1%	8.8%
Concerns about illegal records tampering or hacking	18.4%	33.3%	43.9%	4.4%
Finding an Electronic public health information system system that meets your organization's needs	40.8%	29.8%	26.3%	3.1%
Concerns about a lack of future support vendors for upgrading and maintaining the system	33.2%	16.4%	46.0%	4.4%

Avaliação

As conclusões do relatório indicam que os três principais obstáculos a ultrapassar na introdução de um sistema eletrónico de gestão de doentes são o montante de capital necessário para adquirir e introduzir um sistema eletrónico de gestão de doentes, a falta de pessoal de TI adequado e as preocupações com a divulgação inadequada dos dados dos doentes.

Sugestões de melhoria

No inquérito, a maioria dos inquiridos fez sugestões sobre a forma de melhorar a gestão do sistema de informação no domínio da saúde. Apresentaram as seguintes sugestões:

colocar os sistemas TIC à disposição dos serviços que deles necessitam, nomeadamente os laboratórios

Aplicação de todos os obstáculos acima enumerados

Atualização dos sistemas existentes para um sistema adequado devido a extensões e modernizações

Mais capital para a aquisição de equipamento, computadores, computadores portáteis, ligações à Internet e manutenção do equipamento

Reforço das capacidades do pessoal em cursos de aplicação de TI

informatização em todos os serviços para facilitar a introdução, o armazenamento e a análise de dados e para produzir relatórios mensais em tempo útil

Disponibilização de uma linha telefónica e criação de contas de correio eletrónico.

Conclusão

A taxa de resposta de 63%, com um total de 228 inquiridos em 360 estabelecimentos de saúde na província de Nairobi, é uma taxa notável que apoia os resultados do inquérito.

Os resultados globais do inquérito mostram que é possível prestar serviços de saúde em linha através da introdução de um sistema de informação médica eletrónica. O nível de intercâmbio de dados dos doentes entre os prestadores de cuidados de saúde em diferentes departamentos dentro e entre instituições de cuidados de saúde é elevado, justificando a necessidade de um sistema. A maioria dos prestadores de cuidados de saúde acredita que a qualidade dos serviços melhorará através da melhoria da eficiência e da eficácia da prestação de cuidados, reduzindo simultaneamente os custos correntes da prestação de cuidados. Verificou-se que o telefone e as comunicações móveis são as ferramentas TIC mais utilizadas pela maioria dos prestadores de cuidados de saúde, embora apenas uma pequena percentagem utilize o correio eletrónico/Internet. Foram identificadas várias questões como os principais obstáculos à adoção da saúde em linha: o montante de capital necessário para adquirir e implementar um sistema eletrónico de informação de gestão dos cuidados de saúde, a falta de pessoal informático adequado e as preocupações com a partilha inadequada de dados dos doentes.

O capítulo seguinte apresenta o modelo EPHI proposto para apoiar os cuidados de saúde nas instituições de saúde.

CAPÍTULO CINCO: QUADRO PROPOSTO

5.0 Introdução

Neste capítulo, o projeto de investigação concluído é avaliado de forma crítica com base nas questões de investigação. Os resultados finais do projeto são comparados com as questões de investigação, a fim de avaliar em que medida foram alcançados.

No que diz respeito à utilização de ferramentas TIC, o estudo revelou que 25,4% dos médicos, farmacêuticos, clínicos, enfermeiros e técnicos de laboratório clínico interagiam com os seus doentes por telefone, enquanto 99,6% tratavam os doentes pessoalmente. Isto significa que a utilização das ferramentas TIC ainda não está generalizada nestes estabelecimentos de saúde no que diz respeito à interação médico-doente.

No que diz respeito à recolha de dados dos doentes, 97,3% dos inquiridos registaram os dados dos doentes em registos clínicos, não existindo registos electrónicos, embora 2,7% dos inquiridos tenham recusado responder. Os resultados da investigação mostram que 96,1% dos prestadores de cuidados de saúde e do pessoal dos registos médicos confirmaram a partilha de dados médicos dentro e entre hospitais, enquanto apenas 3,9% não o fizeram.

Partilharam dados de saúde dos doentes pelas seguintes razões

Os regulamentos estipulam que os registos médicos dos doentes devem ser transmitidos aos responsáveis clínicos, ao laboratório e depois ao farmacêutico, de modo a que os medicamentos

Para que os colegas de trabalho possam confirmar certos relatórios, nomeadamente os relatórios terapêuticos.

Transferência de doentes de um serviço para outro, por exemplo, do laboratório para o médico.

Em particular, trocaram relatórios escritos no final do seu turno.

Aqueles que não partilharam as informações médicas dos doentes justificaram a sua decisão com o facto de os registos dos doentes deverem ser deixados aos profissionais de saúde, gestores de dados/informações de saúde qualificados, e de todos os outros gestores deverem procurar ajuda nos sistemas de informação de saúde, uma vez que as informações dos doentes devem ser mantidas confidenciais. O estudo revelou que os programas de aplicação eram muito pouco utilizados. Os programas de aplicação utilizados incluem o MS-Access, MS-Excel, MS-Word, FTP, GIS, Health CIS, Care2000-ERP e e-Hospital.

Os resultados do inquérito mostram que todos os inquiridos e todos os departamentos processam as informações sobre os doentes apenas manualmente, o que significa que os registos físicos são a única forma de armazenamento. A maior parte do software mencionado no inquérito só estava disponível em estabelecimentos privados ricos, onde o software é utilizado principalmente para actividades financeiras e administrativas, e não para melhorar os cuidados de saúde. O sistema FTP, disponível em todos os escritórios distritais da DHRIO, é utilizado para transmitir dados de saúde diretamente para o SIMDH do Ministério da Saúde. O SIG (Sistema de Informação Geográfica), também disponível em todos os gabinetes distritais de saúde da DHRIO, é utilizado para mapear as unidades de saúde no SIG. É utilizado especificamente para registar a latitude e a longitude, bem como a distância entre as unidades sanitárias. Foi testada em 2009 em distritos de saúde selecionados no Quénia, mas está agora totalmente operacional em todos os distritos de saúde. A outra aplicação, mais recente, é a ferramenta de Gestão e Verificação de Dados de Saúde, cuja função é verificar os dados gerados a nível das unidades de saúde e os dados agregados a nível distrital. É capaz de produzir gráficos resumidos que destacam as discrepâncias entre os dois conjuntos de dados (ou seja, resumos primários e secundários). A ferramenta ainda não está operacional.

Os resultados do inquérito revelaram que o sector da saúde pública no Quénia ainda não dispõe de um sistema CIO integrado. Embora algumas unidades de saúde estejam informatizadas, os dados são geralmente utilizados apenas internamente e a acessibilidade eletrónica não ultrapassa os limites da unidade de saúde em que são gerados. As clínicas privadas também têm sistemas de informação informatizados para uso interno.

Como se pode ver pelo exposto, muitos dados dos doentes têm de ser transferidos de um contexto de cuidados de saúde para outro. Por este motivo, foi proposta a implementação de um RPE a nível nacional, com benefícios que vão muito além do tratamento nos serviços de urgência. Um sistema deste tipo fornecerá geralmente um único conjunto de dados para cada doente, independentemente do hospital em que os dados são utilizados ou actualizados. Com base nos resultados da investigação aqui descrita e na revisão dos modelos existentes para o tratamento de dados de saúde dos doentes, o investigador propôs uma melhoria do modelo concetual integrado do WHMIS. Fonte: Relatório final sobre o software WHMIS, UNES (2009), ilustrado na Figura 2.15.

Verificou-se que os utilizadores estão sobretudo interessados em aplicações de tratamento da informação de que são proprietários ou a que têm acesso como utilizadores finais através de redes de comunicação.

Estes serviços são "activados" por outros serviços subjacentes e transparentes fornecidos por fornecedores de serviços de informação e de rede. Tendo em conta o que precede, o investigador propôs melhorar o modelo concetual em análise, acrescentando uma componente para os serviços de middleware (como ilustrado na Figura 5.1), que permitirá a descoberta de conhecimentos.

Serviços de diretório

Serviços de segurança

Serviços de terminologia

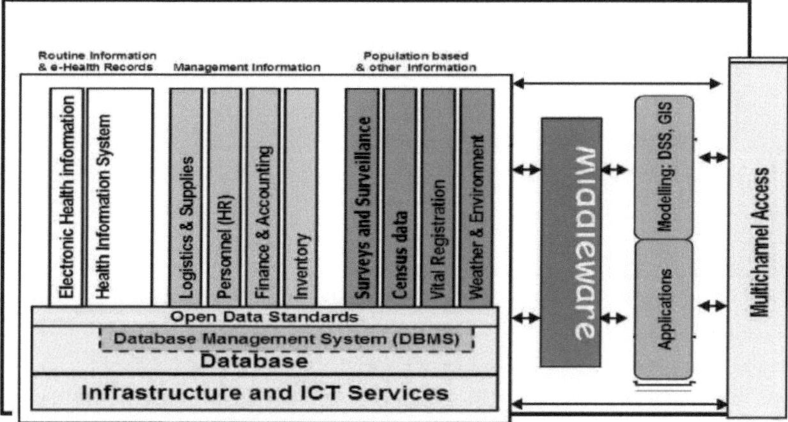

Figura 5.1 Modelo concetual proposto para um MHIS integrado.

O investigador selecionou a componente de informação eletrónica sobre saúde do modelo concetual integrado WHMIS como a principal área de investigação. Com base na análise dos diferentes modelos de encaminhamento eletrónico apresentados na revisão da literatura e no inquérito às unidades de saúde na província de Nairobi, determinou-se que era viável fornecer encaminhamentos por via eletrónica. Espera-se que a introdução de um sistema de referenciação eletrónica melhore a qualidade dos serviços, melhorando a eficiência e a eficácia da prestação de serviços, ao mesmo tempo que reduz os custos operacionais da prestação de serviços. Tendo em conta o que precede, foi proposta a referenciação eletrónica de doentes, como mostra a Figura 5.2 abaixo.

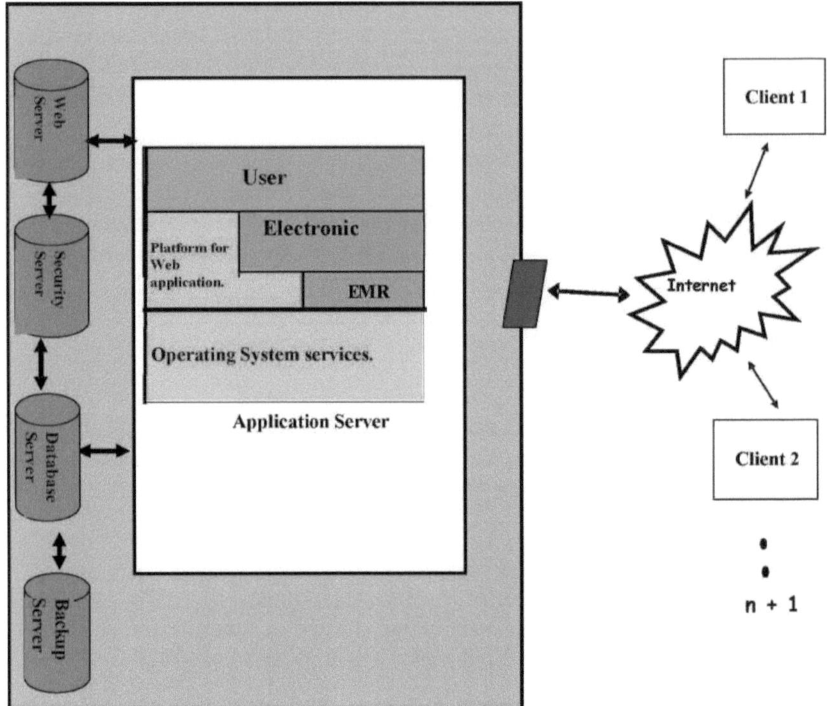

Figura 5.2: Quadro proposto para as transferências electrónicas Componentes do quadro para as transferências electrónicas

O sistema proposto é uma aplicação web. A aplicação está dividida em três níveis: interface do utilizador, componentes e sistema operativo. Ao nível dos componentes, o EMR constitui a base sobre a qual são construídas a transferência eletrónica e a interface do utilizador. O EMR gere as contas dos utilizadores, o envio de mensagens, a auditoria e os dados dos doentes. A componente e-transfers gere o processo de transferência. Uma transferência pode encontrar-se num dos seguintes estados: Está a ser criada por um estabelecimento de saúde, a aguardar tratamento por um especialista, transferida ou encaminhada para um tratamento alternativo. A camada de interface com o utilizador baseia-se numa plataforma de aplicação Web que permite aos médicos especialistas ligarem-se e autenticarem-se nos componentes EMR e ereferral. A plataforma de aplicação Web acede à base de dados, recolhe os dados solicitados, formata a resposta num formato adequado e envia-a de volta ao utilizador.

Registo de doentes em diferentes hospitais.

No modelo proposto, o cliente é introduzido no sistema com um código de paciente único. A chave única do doente é distribuída por um sistema central em resposta ao pedido do doente. Parte-se do princípio de que o doente se regista sempre com esta chave. Se o doente nunca se registou antes, é lançado um procedimento de registo em linha no estabelecimento de saúde onde se encontra pela primeira vez. Quando o registo é bem sucedido, é atribuída uma chave única ao doente e a informação demográfica correspondente é armazenada no servidor central. Entende-se que todos os estabelecimentos de saúde que encaminham o doente devem estar registados para poderem utilizar o sistema de encaminhamento em linha e encaminhar os seus doentes para serviços especializados. Os doentes só poderão beneficiar de um serviço especializado se o seu pedido for introduzido no sistema em linha. Isto ajudará a evitar casos de auto-referência.

sequências de transacções de referência eletrónica.

O médico especialista do estabelecimento de saúde que efectua a referenciação acede ao sistema de referenciação baseado na Internet, preenche um formulário de referenciação e envia-o para o estabelecimento de saúde que oferece serviços especializados.

Cada estabelecimento de saúde participante que presta serviços especializados tem um médico especialista designado que dispõe de tempo suficiente para analisar e responder a todas as consultas. O médico analisa as consultas dos doentes e classifica-as de acordo com o tipo de problema, a gravidade, a localização geográfica e outras caraterísticas. O revisor pode enviar mensagens através do sistema online para solicitar mais informações e marcar uma consulta com um especialista, ou reencaminhar a consulta para outro especialista noutra unidade de saúde que ofereça serviços especializados.

O sistema de referenciação eletrónica está estreitamente ligado ao EMR do estabelecimento de saúde especializado, de modo a que todas as trocas de informação sejam documentadas em tempo real no processo do doente. Um EMR permite estabelecer ligações com estabelecimentos de saúde remotos em diferentes locais através de uma rede de alta velocidade de área alargada, de modo a que possam ser consultadas informações detalhadas sobre o doente, tais como tratamentos efectuados, medicamentos, análises e imagens de raios-X. As informações armazenadas nas unidades de saúde remotas estão protegidas contra a escrita por pessoas externas. Não podem ser feitas alterações aos registos das informações dos doentes consultados nas unidades de saúde remotas que prestam serviços especializados.

eReferral system connectivity

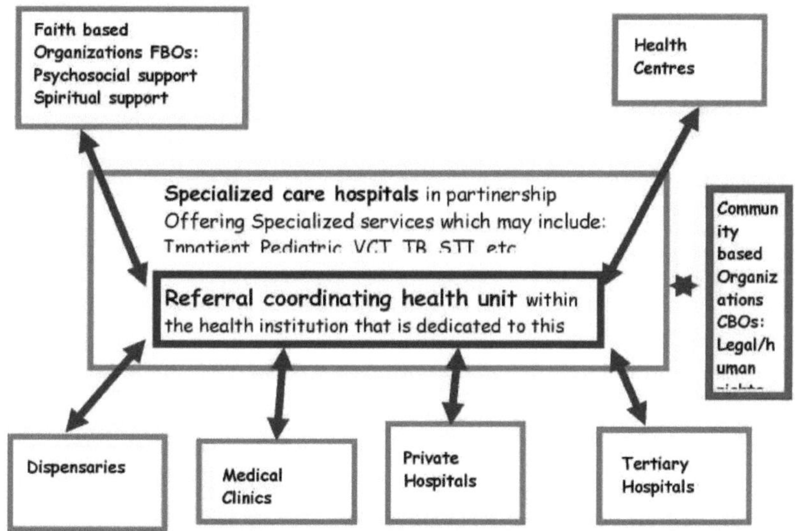

Figure 5.3: proposed eReferral system connectivity.

Componentes de um sistema de transferência eletrónica

Um grupo de instalações de cuidados de saúde que, no seu conjunto, prestam serviços especializados para satisfazer as necessidades dos doentes numa determinada área geográfica, por exemplo, a província de Nairobi.

As necessidades dos clientes abrangem todo o processo contínuo de cuidados e incluem questões médicas/cuidados, psicossociais, económicas, jurídicas e espirituais. Para responder eficazmente a estas necessidades, o sistema de referência eletrónica deve abranger uma gama de serviços tão vasta quanto possível.

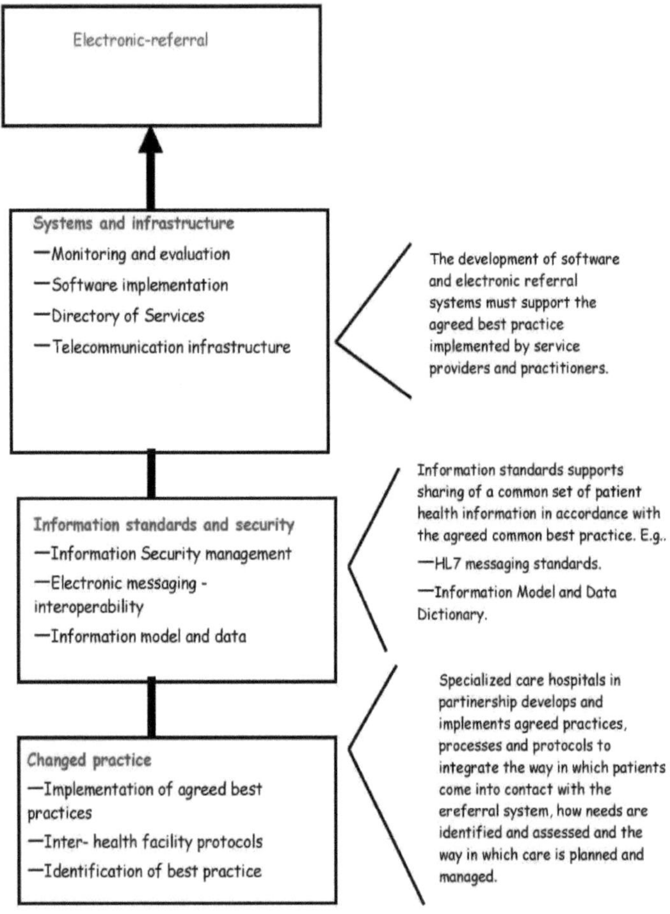

Figure 5.4: Proposed ereferral building blocks.

Uma unidade de saúde que coordena e supervisiona todo o sistema de encaminhamento eletrónico.

Uma determinada organização de cuidados de saúde no âmbito do sistema actua como o local de responsabilidade pelo sistema e pelo seu desempenho (para além das suas funções normais). Esta função de coordenação é desempenhada por uma organização de cuidados de saúde, de preferência por uma unidade de coordenação dentro da organização de cuidados de saúde, que se dedica a esta tarefa. As principais tarefas da unidade de coordenação consistem em convocar reuniões regulares de prestadores de serviços especializados, trabalhar com os prestadores para colmatar as lacunas e outras ineficiências do sistema, atualizar a lista telefónica, fornecer formulários normalizados e garantir a qualidade do sistema de encaminhamento. No âmbito da unidade de coordenação, uma pessoa específica é responsável pela coordenação.

Reuniões regulares de prestadores de cuidados especializados.

As reuniões regulares das unidades de saúde da rede permitem uma comunicação contínua, a troca de informações sobre o processo de referenciação, a discussão dos desafios e lacunas dos cuidados e a atualização do diretório da rede de serviços. As reuniões regulares fomentam a colaboração e o empenhamento no processo de referenciação, que é uma parte essencial da prestação de serviços.

Pessoa(s) de contacto designada(s) em cada estabelecimento de saúde que ofereça serviços especializados.

A pessoa designada é responsável pelo processamento eficiente e atempado das transferências. É também responsável pela gestão das principais actividades de encaminhamento, como o acompanhamento e a documentação dos encaminhamentos. A pessoa designada pode ser um profissional de saúde.

Uma lista de serviços.

Uma lista telefónica enumera os serviços disponíveis numa determinada área geográfica, incluindo o nome do estabelecimento de cuidados de saúde, o tipo de serviço oferecido, a pessoa ou pessoas a contactar para encaminhamento e a localização do serviço. Uma lista de serviços facilita a referenciação dos doentes, tornando mais acessível a informação sobre os serviços disponíveis numa determinada área. Uma lista deve ser continuamente actualizada para garantir que as informações sobre os prestadores de serviços estão actualizadas e são exactas, que são acrescentados novos prestadores e que são retirados os prestadores que já não oferecem serviços. A lista é gerida pela unidade coordenadora de saúde pública.

Um formulário normalizado de transferência eletrónica.

Um formulário de transferência eletrónica, normalizado em todo o sistema, garante que são fornecidas as mesmas informações essenciais para cada transferência e que estas informações chegam à instituição de saúde recetora que efectua a transferência. Um formulário de encaminhamento eletrónico é preenchido e enviado eletronicamente para a instituição de saúde recetora. Este formulário apresenta a pessoa referenciada à organização que efectua a referenciação e menciona o estabelecimento de saúde e a pessoa que fez o pedido. Especifica igualmente os serviços solicitados pelo doente.

Um ciclo de feedback para dar seguimento às recomendações.

Para garantir que o doente recebeu o(s) serviço(s) de que necessitava, é necessário dispor de um sistema que permita acompanhar o processo de referenciação desde o início até à prestação do serviço e, como um ciclo de feedback, desde a prestação do serviço até ao início. Este feedback fornece provas de que o processo de transferência foi concluído e o serviço prestado, e pode identificar se houve algum problema. Este fluxo de informação é ilustrado na Figura 6 abaixo.

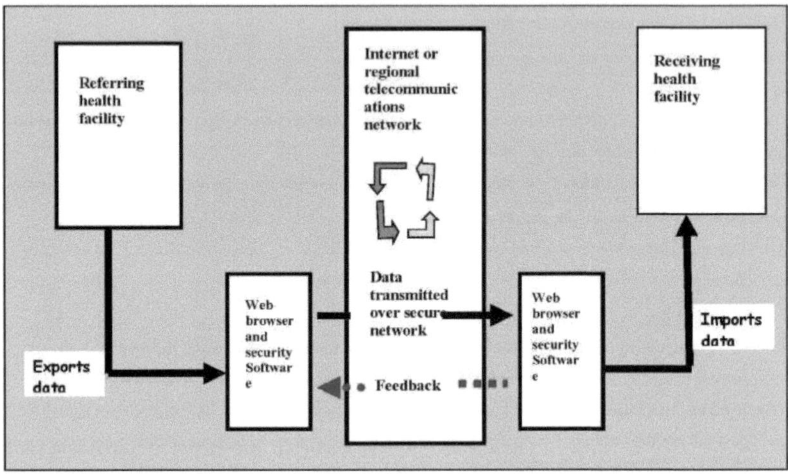

Figure 5.5: Information flow

Documentação da transferência.

Em ambos os extremos do processo de referenciação (instituições de saúde que referem e que recebem), é necessário registar a referenciação para documentar os respectivos papéis no processo de referenciação. Um registo eletrónico normalizado de transferências é uma forma de documentar as transferências.

Ferramentas para facilitar o processo de transferência eletrónica

Vários formulários e instrumentos electrónicos, como o diretório de serviços, os formulários de transferência eletrónica, os formulários de acompanhamento eletrónico e os registos de transferência eletrónica, devem ser normalizados para promover a exatidão, a eficiência e a coerência.

Informação sobre saúde Gestão da segurança

Ter funções de controlo de acesso que restrinjam o acesso aos dados de saúde a pessoas selecionadas, com base em funções definidas e documentadas Manter registos de auditoria pormenorizados de todos os eventos no sistema EMR, seguir práticas normalizadas definidas para os logins e as palavras-passe, garantir a proteção dos dados cumprindo os requisitos de cópia de segurança, recuperação e documentação do sistema, incluir funções de segurança técnica em conformidade com os requisitos de cifragem e transmissão de dados. O sistema de referenciação eletrónica deve dispor de controlos de segurança integrados, nomeadamente: controlo de acesso, pistas de auditoria, procedimentos de validação e cópia de segurança dos dados, etc.

Controlo de acesso

Trata-se de um sistema de controlo do acesso e da utilização do sistema de referência, em parte ou na sua totalidade. Dependendo das tarefas e responsabilidades atribuídas, o acesso pode ser limitado a determinadas áreas, como relatórios, ou à execução de determinadas funções, como a visualização, modificação ou eliminação de dados de doentes. Os sistemas de referenciação devem fornecer um meio de autenticação da identidade do utilizador através de um nome de utilizador e de uma palavra-passe antes de o utilizador poder executar quaisquer funções. O comprimento da palavra-passe deve ser imposto pelo sistema. O sistema deve forçar automaticamente a alteração regular das palavras-passe.

Pistas de auditoria

O sistema ereferral deve registar as pistas de auditoria como prova das transacções dos utilizadores no sistema. Devem ser mantidos registos de pistas de auditoria para todos os níveis de acesso. Estes registos devem conter, pelo menos, os seguintes elementos: a data e a hora do evento, a identificação ou o nome do utilizador, o tipo de evento e o sucesso ou insucesso desse evento: vários logins falhados, acesso a horas invulgares ou a partir de locais invulgares, aumentos súbitos e inesperados do volume de dados, eventos importantes do sistema informático (por exemplo, actualizações de configuração, falhas do sistema), os registos de auditoria são revistos frequentemente para que os eventos não autorizados possam ser detectados antes de ocorrer uma perda significativa.

Procedimento de cópia de segurança dos dados

A cópia de segurança dos dados é o processo de criação de cópias adicionais de dados que podem ser utilizadas se os dados originais se perderem ou danificarem. A cópia de segurança dos dados de transferência deve ser automatizada tanto quanto possível dentro do sistema para garantir a consistência.

Validação de dados

Os sistemas de transferência devem ter funções de validação de dados incorporadas para garantir dados exactos e fiáveis.

Acompanhamento e avaliação das redes de recomendação eletrónica

As medidas de acompanhamento e avaliação fornecem informações importantes sobre a medida em que o sistema está a atingir os seus objectivos, fornecem feedback para a garantia de qualidade e servem de base para o planeamento, conceção e implementação de futuros serviços. Apresentam-se de seguida alguns exemplos de indicadores para o acompanhamento e a avaliação dos sistemas de orientação:

Número total de transferências electrónicas.

Número de transmissões.

Número de transferências electrónicas para que serviços.

Número ou percentagem de serviços de transferência eletrónica concluídos.

Número ou percentagem de clientes que indicam que as suas necessidades foram satisfeitas.

Número ou percentagem de clientes que se dizem satisfeitos com o procedimento de transferência eletrónica.

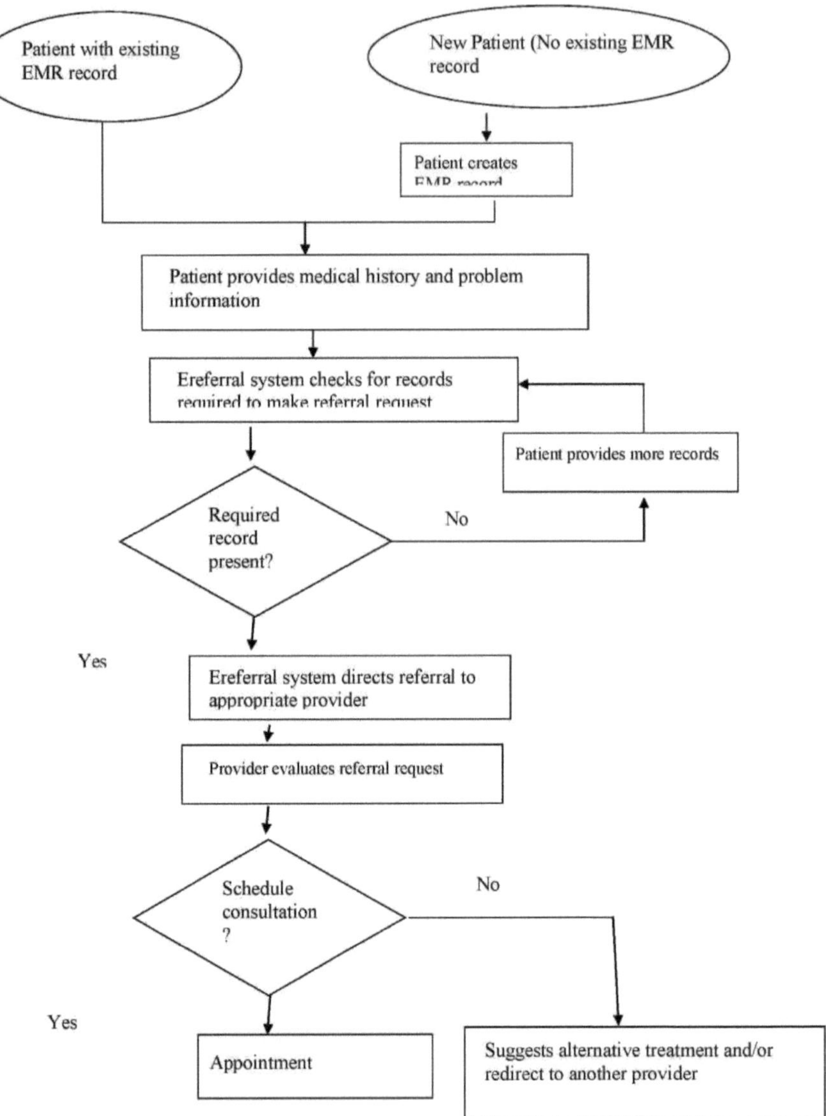

Figura 5.6. Processo de transferência eletrónica.

CAPÍTULO SEIS: RECOMENDAÇÕES E CONCLUSÕES

. Introdução

Este capítulo final da tese resume a investigação efectuada, as principais conclusões e o seu impacto. São também feitas recomendações para futuras investigações no domínio da saúde em linha. A investigação foi conduzida na área da utilização das TIC no sector dos cuidados de saúde, com especial incidência no desenvolvimento de uma estrutura para um sistema eletrónico de informação de gestão dos cuidados de saúde. O sector da saúde oferece uma vasta gama de serviços, desde os preventivos aos curativos. Estes serviços incluem consultas, laboratório, farmácia, enfermagem e radiologia. A análise da literatura revelou que várias ferramentas TIC podem ser utilizadas para fornecer serviços de saúde sem descontinuidades dentro e entre instituições de saúde. Os principais obstáculos à introdução da saúde em linha foram identificados como sendo a proteção dos dados, a segurança, o registo, a autenticação e as normas.

Foi realizado um inquérito nas unidades de saúde da província de Nairobi para determinar o estado atual da utilização das TIC, as necessidades e as lacunas na gestão dos dados e da informação sobre a saúde dos doentes. Também determinou as atitudes dos prestadores de cuidados de saúde relativamente à introdução de ferramentas TIC. O inquérito foi realizado através de um questionário estruturado.

A secção 6.1 do presente capítulo destaca os principais resultados da investigação e o seu impacto, bem como as recomendações decorrentes da investigação. Na secção 6.2 são identificadas as áreas em que é necessária mais investigação.

. Recomendações

A avaliação dos serviços de saúde revelou que a estrutura organizativa dos serviços de saúde nos sectores privado e público era semelhante, sendo a diferença nos recursos utilizados para prestar os serviços. Verificou-se que a estrutura governamental nacional e local desempenha um papel fundamental na organização dos serviços de saúde. No Quénia, o sector da saúde é constituído pelo sistema de saúde pública, cuja responsabilidade principal cabe ao Ministério da Saúde, enquanto as organizações não governamentais (ONG), a missão e o sector privado prestam serviços complementares. As principais categorias de serviços de saúde são os serviços preventivos e curativos, que são oferecidos a diferentes níveis consoante a estrutura, nomeadamente no sistema de saúde pública. Não existe um sistema de informação que ligue as unidades de saúde entre si, o que impede a continuidade dos cuidados em caso de encaminhamento, resultando numa prestação de serviços de saúde ineficiente, ineficaz e dispendiosa.

A investigação sobre o papel estratégico das TIC nos cuidados de saúde mostrou que é utilizada uma grande variedade de tecnologias nos hospitais, enquanto os centros de cuidados geograficamente dispersos estão ligados entre si por tecnologias de telecomunicações. As ferramentas TIC mais frequentemente utilizadas para apoiar a recolha, o armazenamento e a recuperação de informações sobre os doentes são os sistemas ERP, os cartões inteligentes dos doentes e os PDA, enquanto a telemedicina fornece serviços de saúde à distância. Verificou-se que as tecnologias da Web e da Internet fornecem aos doentes informações de saúde gratuitas sem necessidade de consultar um médico. A utilização destas tecnologias varia de hospital para hospital e, mais ainda, de hospital privado para hospital público. Os governos estão a esforçar-se por implementar serviços de saúde em linha, sendo o ponto de partida um sistema nacional de DPI. Os principais obstáculos à saúde em linha incluem a falta de normas, de infra-estruturas de TIC, de custos, de segurança, de proteção de dados e de pessoal especializado em TIC. Estes factores contribuíram para a lenta adoção das TIC no sector da saúde, em comparação com outros sectores de serviços, como o sector bancário.

O inquérito às unidades de saúde na província de Nairobi mostrou que era possível prestar a maior parte dos serviços de saúde por via eletrónica com a introdução do EPHMIS. Espera-se que a qualidade dos serviços melhore através do aumento da eficiência e da eficácia da prestação de serviços, ao mesmo tempo que se espera que os custos correntes da prestação de serviços diminuam. Verificou-se que os telemóveis são a única ferramenta TIC atualmente utilizada pela maioria dos prestadores de cuidados de saúde para prestar serviços, enquanto apenas uma percentagem muito pequena utiliza o correio eletrónico/Internet para prestar serviços.

As principais oportunidades de cuidados de saúde em linha oferecidas pelo EPHMIS integrado são as seguintes Sistemas de informação de gestão hospitalar melhorados e (melhor) integrados facilitarão a utilização dos sistemas de saúde (seguros ou pré-pagos) pelos quenianos. As normas incluem:

Identificação comum dos doentes

Códigos comuns para tratamentos médicos, medicamentos, testes e instalações

Melhoria dos sistemas e procedimentos de transferência

Harmonizar as interações entre os hospitais e as partes interessadas, por exemplo, as companhias de seguros.

- Armazenamento comum de informações sobre os membros, utilizado pelos prestadores de cuidados de saúde e pelas partes interessadas num sistema em linha.

As universidades e as associações profissionais ainda não assumiram a liderança no domínio das TIC, mas podem facilitar a adoção de sistemas comuns de TIC/saúde.

Os resultados dos estudos sobre os principais desafios mostram que é necessário ultrapassar os obstáculos à saúde em linha. É necessário criar organismos internacionais para supervisionar as questões relacionadas com as normas e os aspectos jurídicos e políticos da proteção de dados no domínio da saúde em linha.

A análise da literatura e os resultados do inquérito conduziram ao desenvolvimento de um modelo integrado de EPHMIS que permite aos prestadores de cuidados de saúde autorizados aceder ao processo clínico eletrónico em linha, a fim de assegurar a continuidade dos cuidados prestados aos doentes, tal como descrito no capítulo 6 do presente trabalho. Este modelo permite aos utilizadores trocar uma multiplicidade de dados de diagnóstico, de tratamento e de laboratório, conforme necessário, para conhecer o princípio do circuito interno de um hospital e consultar as bases de dados do sistema para obter incidentes semelhantes de um caso particular, fornecendo informações que ajudam o processo de tomada de decisão do pessoal médico dos hospitais. Este modelo permite também um apoio preciso à decisão para todos os hospitais integrados, gerindo os registos médicos de forma dinâmica, incluindo a experiência do pessoal médico, com a participação total do utilizador final, num ambiente multi-vendor através de uma rede TCP/IP.

São referidos os requisitos de hardware e software para a implementação deste modelo. A adequação deste modelo à prestação eletrónica de serviços de saúde é também salientada.

Restrição

Devido à falta de recursos financeiros, escolhi como locais de estudo de caso estabelecimentos de saúde situados em estradas principais e não muito distantes uns dos outros, para que pudessem ser contactados a um custo mínimo.

Áreas de investigação futura

Os resultados deste estudo destacaram uma série de riscos associados à saúde em linha, incluindo o acesso não autorizado ou a falha de energia (Epinosa, 1998 & Smith e Eloff, 1999). Outros riscos identificados por Ammenwerth et al (2004) incluem o mau funcionamento do sistema, a falta de fiabilidade, a facilidade de utilização e um ambiente que não está adequadamente preparado para as alterações do fluxo de trabalho.

O outro domínio de interesse é o estudo das estratégias de envolvimento dos médicos privados.

Conclusão

O quadro proposto constitui um ponto de partida para trabalhos futuros destinados a resolver o problema dos sistemas de referência ineficazes.

REFERÊNCIAS

Adelhard K., Eckel R., Holzel D. e Tretter W., (1995), Ein Prototyp einer computergestützten Patientenakte, Méthodes et programmes informatiques en biomédecine, Volume (48), pp. 115-119

Albert R. Bakker, (2002), Health care and ICT, partnership is a must, international journal of medical Informatics, Vol.66 p51-57.

Ammernwerth Elske, Jytte Brender, Pirkko Nykanen, Hanse-Ulrich Prokosch, Michael Rigby e Jane Telmon, (2004), Visions and strategies for improving the evaluation of health information systems: reflections and lessons from the Innsbruck HIS-EVAL workshop, International Journal of Medical Informatics, Vol 73, pp 479 -491.

Andre Kusniruk, (2002), Evaluation in the design of health information systems: application of approaches emerging from usability engineering, Computers in Biology and medicine, Vol (32), pp141-149

Centro de telemedicina no Asahikawa Medical College Hospital. http://www.asahikawa-med.ac.jp/hospita;/astec/[16/04/2005]

Benedict Stanberry, (2001), Legal ethical and risk issues in telemedicine, Computer Methods and Programs in Biomedicinne, Vol. (64) pp 225-233

Berg Marc e Goorman Els, (1999), the contextual nature of medical information, International Journal of Medical Informatics, Vol (56), pp 51-60

Bernd Blobel e Francis Roger-France, (2001), A systematic approach for analysis and design of secure health information systems, International Journal of medica ; informatics, vol (52), pp 53-60

Canada Health Infoway, 'EHRS Blueprint, an Interoperable EHR Framework Executive Overview', abril de 2006.

Comissão de certificação das tecnologias da informação em saúde, www.cchit.org/, consultada em 18 de dezembro de 2007. 1000, rue de Serigny, bureau 600 Longueuil, Québec J4K 5B1 www.emergis.com

Chadwiick David W., Mundy Darren e New John, (2003), Experiences of using a PKI to access a hospital information system by high street opticians, Computer Communications Vol. 26

Daly John A. (2003), Information and communication technologies and the improvement of health. Disponível em: http//www.developmentgateway.org/download/222142/health.doc [20/2/05]

Davis, M., Garets, D., 'Electronic Medical Records vs. Electronic Health Records: Yes, There is a Difference', HIMSS Analytics, janeiro de 2006.

Edwards, J., Handler, T, Rishel, W., 'A Clear Definition of the Electronic Health Record', Gartner, outubro de 2006.

Espinosa Amado L., (1998), Availability of health data: Requirements and solutions, International Journal of Medical Informatics, Vol (49), pp97-104

Goossesn William T.F., Paul J.M. M. Epping, Theo W.N. Dassen, Arie Hasman e Wim J.A. van den Heuvel, (1997), can we solve current problems with nursing information systems ?, Computer Methods and Programs in Biomedicine, Vol. 54 p85 - 91.

Harris Interactive/Aria Marketing, estudo sobre a satisfação no sector da saúde em 2000, http://www.harrisinteractve. com/news/newsletters/healthnews/HI_HealthCareNews-VI-Issue.pdf[20/04/05]

Haux Rinhold, Elske Ammenwerth, Werner Herzog e Petra Knaup, (2002) Health care in the information society. A forecast for 2013, International Journal of Medical Informatics, Vol (66), pp 3-21

Guler Inan e Muldur Serdar, (2001), a model approach to sharing of electronic records between and within the state hsposital in Turkey, computers in Biology and Mediicne, Vol. 31 pp513-523.

James C. Lin (1999), Application Telecommunication Technology Health-Care Delivery, IEEE Engineering in Medicine and Biology, p. 28-31

Anderson G. James, (1997), Clearng the way for physicians' use of clinical information systems, Communications of the ACM, Vol. 40 No. 8 pp83-90.

Jane Grimson, William Grimson e Wilhelm Hasselbring, (2000), The SI Challenge in Health care, Communications

of the ACM, Vil. 43 No. 6 pp 49-55
Jane Grimson e William Grimson, (2002), Health care in the information society: evolution of revolution, International Journal of Medical Informatics, Vol. 66, p. 25-29.
Jinwook Choi, Jongohoon Chun, Kangsun Lee, Sanggoo Lee, Donghoon Shin, Sookyung Hyun, Daehee kim e Donggyukim, (2004), Mobile Nurse: Handheld Information System for point of Nursing Care. Computer Methods and Programs in Biomedicine, Vol 74 pp 245 - 254.
Johan van der Lei, (2002), Information and communication technology in health care: do we need feedback?, International Journal of Medical Informatics, vol (66), pp 75-83.
John Miner, (2005), Health reords system sought, http://www. London Free Press News Section- Health record system sought.htm (acedido em 30/02/2005)
Joseph Tan e Raghupathi W., (2002), Strategic computing applications in healthcare. Comunicações do Jornal ACM. Vol 45(12), p. 5-61
Kilman G. David e Forslund W. David, (1997), Virtual patients records, Communications of the ACM, vol. 40 No. 8.
Konditi D. B. O., (2004), Telemedicine: a means of improving access to health in rural areas of Kenya, Congresso Bienal da WAITRO, setembro de 2004.
Kyriacou E., Pavlopoulos S. Berler A., Neophytou M. Bourka A., Geogoulas A., Anagnostaki A., Karayiannis D Schizas C., Pattichis C., Andreou A. e Koutsouris, (2003), sistema de telemedicina multi-uso com suporte de ligação de comunicação móvel, Bio Medical Engineering Online 2:7 pp1-12
Les Smith e Hugh Preston, (2000), Information Management and Technology Strategy in the Health Setor: Local Calendars and International Requirements, Information Research, Vol. 5 No. 3
Lynn Lyons Moris, Carol Taylor Fitz-Gibbon, e Marie E. Freeman, (1987), How to communicate Evaluation findings. Nova Deli: Sage Publications.
Marc Berg, (2001), Implementing Information System in Health Care Organisations: myths and challengers, Internationsl Journal of Medical Informatics, Vol (64), pp 143-156.
Fieschi Marius, (2002), Information Technology is changing the way society sees health care delivery, International Journal of Medical Informatics, Vol 66, p. 85-93.
Michael J. Rigby e Sally C. Robins, (1997), Building healthcare delivery and management systems centered on information about the human aspects, Computer Methods and Program in Biomedicine, vol (54) pp 9399
Ministério da Saúde, Cuidados de saúde de qualidade sustentáveis para todos os quenianos, Plano Estratégico Nacional do Setor da Saúde (NHSSP 1999 - 2004), http://www.ministryofhealth.go.ke/strategic plan.html [10/04/05]
Governo do Quénia, Ministério da Saúde, Quadro da Política de Saúde do Quénia (KHPF) (1997)
Nancy Brown, (1995) Understanding Telemedicine: a brief History of Telemedicine, Telemedicine Information Exchange
Obrien James, (2002), (4ª edição) Management Information Systems. Nova Deli: Tata Mcgraw-Hill Publishing Company Limited.
Payton Fay Cobb, (2000), Lessons learned from three interorganizational health care information systems, Information and Management, Volume 37, p. 311 - 321
Raghupathi W., (1997), Health Care Information Systems, Communications of the ACM, vol. 40 No. 8pp 81 -82
Reima Suomi e Jarmo Tahkapaa, (2002), The Stragegic Role of ICT in the competition between Public and Private Health Care Sectors in the Normadic Welfare Societies - Case Finland proceedings of the 35th Hawaii International Conference on System Sciences (HICSSS - 35'02)
Rindfleisch Thomas C., (1997), Privacy, Information Technology, and Health Care Communication of the ACM, vol. 40, No. 8pp 93-100.

Royce A. Singleton, Bruce C. Straits e Margaret Miller Straits, (1993), Approach to social research. Nova Iorque: Oxford University Press

Ryan R. Peterson, Martin Smits, e Ronald Spangers, (2001), Designing Electronic Network Organisations for ICT-enabled health care networks, IS and the Transformation of Health care, Informatique (1/2001)

Schiefer Gerhard, (1999), TIC et gestion de la qualité, Computer und Elektronik in der Landwirtschaft, vol (22), p. 85-95

Smith Martin e Gert van der pijl (1999) Developments in Hospital Management and Information Systems, actas da 32ª Conferência Internacional do Hawaii sobre Ciências do Sistema.

Comité Técnico ISO/TC 215, Informática para a Saúde, Grupo de Trabalho 1, "ISO/TR 20514:2005(E), Health Informatics - Electronic Health Record - Definition, scope and context", Organização Internacional de Normalização, janeiro de 2005.

Telemedicine: emerging medical technology for today and tomorrow, (2002), vol (8), no 2 http//www.acponline.org/shel-cgi/printhappy.ppl/journals/impact/winter2002.htm [18/03/2005]

Treck Denis, Nowak Roman, Kandus Gorazd e Suselj Marjan, (2001), Slovene smart card and Ip based health care information system structure, International journal of medical Informatics, Vol 61 pp 33-43.

Vance Wilson E., (2003), Asynchronous Health Care Communication, Communications of the ACM, vol. 46 No 6 pp 79-84

Wendy Robson, (1997), Strategic Management and Information Systems. Inglaterra: Pearson Education Limited

Winthereik Brit Ross e Vikkelso Signe, (2005), ICT and integrated care. Some dilemmas of standardizing International communication, Computer supported cooperative network, vol 14 issue 1

Yannis E. Spanos, Greogory O Prastacos e Angeliki Poulymenakou, (2002), The relationship between information and communication technologies adoption and management, Information & Management, Vol. (39), pp. 659 - 675.

PLANO DE TRABALHO E CALENDÁRIO DO PROJECTO DE INVESTIGAÇÃO

Activities	Time: 2009 - 2011				
	October /2009	November /2009	April-June /2010	July/2010 – April/2011	June /2011
Problem definition					
Proposal writing					
Proposal presentation					
Data collection					
Data analysis					
Writing findings report					
Final submission					

ORÇAMENTO

ITEM	PARTICULAR	COSTS (in Ksh.)
Consumables	Pens, writing materials, Printing papers	11000
Bureau services	Photocopying Printing Typing and type setting Binding	10000 5000 6500 2000
Traveling expenses		5000
Reference materials	Books, magazines publications etc	10000
Research assistants	2@1200 each	2400
Internet cyber café	Browsing, emails, bulleting boards	4000
Airtime (calling expenses)		6000
software	Spss, office applications	10000
Hardware	Storage devices (flash disks)	3500
TOTALS		**75400**

APÊNDICE 3 : INSTRUMENTOS DE INQUÉRITO

SISTEMA ELECTRÓNICO DE INFORMAÇÃO SANITÁRIA (EPHI) INSTRUMENTO DE INQUÉRITO

instruções :

Responda às seguintes perguntas com base na sua prática atual.

As suas respostas devem ser curtas, claras e diretas.

INFORMAÇÕES GERAIS

Qual é o nome do seu estabelecimento?

Selecione o tipo de estabelecimento a partir das opções abaixo.

Facility type		Facility owner	
□1	Dental Clinic	□1	Academic (if registered)
□2	Dispensary	□2	Armed Forces
□3	Health Centre	□3	Christian Health Association of Kenya
□4	Medical Clinic	□4	Kenya Episcopal Conference-Catholic Secretariat
□5	Nursing home with Maternity	□5	Other Faith Based
□6	Nursing home without Maternity	□6	Local Authority
□7	Primary Hospital	□7	Ministry of Health
□8	Tertiary Hospital	□8	Other Public Institution
□9	VCT Centre (Stand-Alone)	□9	Non-Governmental Organizations
□10	Rehabilitation Centre	□10	Private Medical Enterprise
□11	Other Health Facility, (Specify)________________	□11	Other Private
		□12	Parastatal
		□13	Prisons
		□14	Community

3) Indique a sua atividade profissional de entre as opções abaixo indicadas.

□1	Enrolled community nurse	□10	HRIO
□2	Kenya registered nurse	□11	MRO
□3	Kenya registered midwife	□12	Health records clerk
□4	Kenya registered nurse/midwife	□13	Clinical laboratory technologist
□5	Kenya registered community health nurse	□14	Clinical laboratory technician
□6	Clinical officer	□15	Public health officer
□7	Physician	□16	Other, (specify) ________________
□8	Doctor		
□9	Pharmacist		

4) Que idade tens?

Your Age range	
□1	18 to 24
□2	25 to 34
□3	35 to 44
□4	45 to 54
□5	55 to 64
□6	65 to 74
□7	75 or older

5) Qual é o seu género?

Gender	
□1	male
□2	Female

6) Indique o nome do seu departamento de entre as opções abaixo.

□1	Paediatric	□9	Laboratory
□2	Medicine	□10	Psychiatry
□3	Surgery	□11	Health records and information
□4	Obstetrics/gynaecology	□12	Pharmacy
□5	Specialized Outpatient	□13	Hospital finance
□6	General Outpatient	□14	Administration
□7	Physiotherapy	□15	General store
□8	Radiography	□16	Other, (specify) ______________________________ __

7) Qual é o seu nível de qualificação mais elevado (formação formal)?

□1	Certificate
□2	Diploma
□3	Higher Diploma
□4	Bachelors Degree
□5	Masters Degree
□6	Doctorate Degree
□7	Other, (specify) ______________

UTILIZAÇÃO ACTUAL DO IKT

A preencher pelo administrador do hospital/chefe de estabelecimento/chefe de serviço.

Está familiarizado com a utilização de TI nos cuidados de saúde ? Sim□Não2

O seu departamento utiliza computadores? Sim□Não2

10. Em caso afirmativo, em que domínios são utilizados os computadores?

Area	Yes	No
a. Data collection	□1	□2
b. Data storage	□1	□2
c. Data retrieval	□1	□2
d. Data analysis	□1	□2
e. Point of sale	□1	□2
f. Pharmacy	□1	□2
g. Laboratory	□1	□2
h. Administration	□1	□2
i. Radiography	□1	□2
j. Hospital finance	□1	□2
k. Other, (specify______________	□1	□2

APLICAÇÃO ACTUAL DAS FERRAMENTAS IKT

A preencher pelos diferentes agentes/entrevistados (médico, farmacêutico, responsável clínico, enfermeiro, técnico de laboratório clínico)

Como é que reage ao seu doente?

Chamada telefónica□
face - to - facen2
Outros (especificar) :

Como é que se introduzem os dados dos doentes?
Em registos clínicos □
Eletrónica₂
Outros (especificar) :

Partilham os dados médicos dos doentes dentro do hospital?

Sim □ Não n₂

Em caso afirmativo, indicar sucintamente o

O processo.

c) If no, why?____

14.

a) Do you share patients' medical information with another hospital in case of need?

Yes □₁ No □₂

b) If yes, how is it done?____

c) If no, what are the reasons?____

15. Do you have a specific application currently in use within your department?

	Department	Name of Application
1.	Pediatric	
2.	Medicine	
3.	Surgery	
4.	Obstetrics/gynecology	
5.	Specialized outpatient	
6.	General outpatient	
7.	Physiotherapy	
8.	Radiography	
9.	Laboratory	
10.	Psychiatry	
11.	Health records and information	
12.	Pharmacy	
13.	Hospital finance	
14.	Administration	
15.	General store	
16.	Other, (specify)__________	

INFRA-ESTRUTURAS INFORMÁTICAS EXISTENTES

A preencher pelo administrador do hospital/chefe de estabelecimento/chefe de departamento/gestor de TI.

Indique o número de ferramentas TIC funcionais disponíveis no seu serviço.

19. Como é que a Internet está ligada?
20. Tem um endereço de correio eletrónico institucional?

Sim □I

Não n2

	Name of ICT tool	Number available
1.	Laptops	
2.	Desktop	
3.	Servers	
4.	Printers	
5.	PDAs	
6.	Mobile Phones	
7.	Other (please specify):__________	

17. Is there an operational LAN: Yes □1 No □2

18. Is there Internet Access: Yes □1 No □2

□1	Broadband
□2	Dial up
□3	Cell phone
□4	Other (please specify):___

SATISFAÇÃO COM A APLICAÇÃO

Preenchido por TODOS os inquiridos.

Nesta secção, gostaríamos de saber se está satisfeito com o sistema que utiliza para *processar Informações para os doentes.*

	Never	Seldom	About half of the time	Most of the time	Always
1. Content					
a. How often does the information content meet your needs?	□1	□2	□3	□4	□5
b. How often does the system provide reports that seem to be just about exactly what you need?	□1	□2	□3	□4	□5
c. How often does the system provide sufficient information?	□1	□2	□3	□4	□5
2. Accuracy					
a. How often is the system accurate?	□1	□2	□3	□4	□5
b. How often are you satisfied with the accuracy of the system?	□1	□2	□3	□4	□5
3. Format					
a. How often do you think the output is presented in a useful format?	□1	□2	□3	□4	□5
b. How often is the information clear?	□1	□2	□3	□4	□5
4. Ease of use					
a. How often is the system user-friendly?	□1	□2	□3	□4	□5
b. How often is the system easy to use?	□1	□2	□3	□4	□5
5. Timeliness					
a. How often do you get the information you need in time?	□1	□2	□3	□4	□5
b. How often does the system provide up-to-date information?	□1	□2	□3	□4	□5

SECÇÃO F: OBSTÁCULOS À ADOPÇÃO E UTILIZAÇÃO DAS TIC

A preencher por TODOS os inquiridos

Nesta secção, gostaríamos de saber a sua opinião sobre os actuais obstáculos à gestão das informações de saúde dos doentes.

Indique em que medida considera que cada uma das seguintes caraterísticas constitui um obstáculo para a Electronic Criação de um sistema de informação de gestão da saúde (EHMIS) :

BARRIERS	Not a barrier	Minor barrier	Major barrier	Do not know
The amount of capital needed to purchase and implement an electronic health management information system.	□1	□2	□3	□4
Uncertainty about the return on investment (ROI) from a health management information system.	□1	□2	□3	□4
Concerns about the ongoing cost of maintaining a health management information system.	□1	□2	□3	□4
Resistance to implementation from other health care providers (e.g., nurses, doctors and physiotherapists)	□1	□2	□3	□4
Lack of capacity to select, contract for, and implement an electronic public health information system system.	□1	□2	□3	□4
Lack of adequate IT staff	□1	□2	□3	□4
Concerns about inappropriate disclosure of patient information	□1	□2	□3	□4
Concerns about illegal record tampering or "hacking"	□1	□2	□3	□4
Finding an electronic public health information system system. that meets your organization's needs	□1	□2	□3	□4
Concerns about a lack of future support from vendors for upgrading and maintaining the system	□1	□2	□3	□4
Other (*please specify*):____________	□1	□2	□3	□4

Alguma sugestão de melhoria?

____

____

____

Thank you for taking the time to complete this survey.

SISTEMA ELECTRÓNICO DE INFORMAÇÃO SANITÁRIA (EPHI) INSTRUMENTO DE INQUÉRITO AOS DOENTES

SECÇÃO I: SATISFAÇÃO DOS DOENTES

Preenchido por um doente.

Your Age range	
□1	18 to 24
□2	25 to 34
□3	35 to 44
□4	45 to 54
□5	55 to 64
□6	65 to 74
□7	75 or older

Qual é o nome do estabelecimento de saúde?

Indique o nome do último serviço que visitou de entre as opções abaixo.

	Department
□1	Pediatric
□2	Medicine
□3	Surgery
□4	Obstetrics/gynecology
□5	Specialized outpatient
□6	General outpatient
□7	Physiotherapy
□8	Radiography
□9	Laboratory
□10	Psychiatry
□11	Health records and information
□12	Pharmacy
□13	Hospital finance
□14	Administration
□15	General store
□16	**Other, (specify)____________**

Indique se é um doente ou um tutor. doente □ tutor n_2

Sabe se a unidade de saúde utiliza computadores? Sim □ Não n_2

Se não, deixa de responder às perguntas aqui colocadas.

Em caso afirmativo, passar à pergunta 6 da página seguinte.

6. em caso afirmativo, em que serviços são utilizados os computadores?

Department	Yes	No	Not sure
Pediatric	□1	□2	□3
Medicine	□1	□2	□3
Surgery	□1	□2	□3
Obstetrics/gynecology	□1	□2	□3
Specialized outpatient	□1	□2	□3
General outpatient	□1	□2	□3
Physiotherapy	□1	□2	□3
Radiography	□1	□2	□3
Laboratory	□1	□2	□3
Psychiatry	□1	□2	□3
Health records and information	□1	□2	□3
Pharmacy	□1	□2	□3
Hospital finance	□1	□2	□3
Administration	□1	□2	□3
General store	□1	□2	□3
Other, (specify) ______________	□1	□2	□3

Em caso afirmativo, considera que os computadores melhoraram a prestação de serviços nos serviços? Sim □ Não □2

7) Já estava neste estabelecimento de saúde quando não existiam computadores? Sim □ Não n2

Em que departamento acha que os computadores melhoraram mais a prestação de serviços?

	Department
□1	Pediatric
□2	Medicine
□3	Surgery
□4	Obstetrics/gynecology
□5	Specialized outpatient
□6	General outpatient
□7	Physiotherapy
□8	Radiography
□9	Laboratory
□10	Psychiatry
□11	Health records and information
□12	Pharmacy
□13	Hospital finance
□14	Administration
□15	General store
□16	Other, (specify) ___________

Obrigado por dedicar algum tempo a preencher este inquérito.

APPENDIX 4: INTRODUCTION LETTER

Telegrams: "PRO-MINHEALTH", Nairobi
Telephone: Nairobi 217131/313481
Fax: 217148
E-mail: pmonairobi@yahoo.com

When replying please quote

Ministry of Health

PROVINCIAL DIRECTOR OF PUBLIC HEALTH & SANITATION HEADQUARTERS
NAIROBI PROVINCE
NYAYO HOUSE
P.O. Box 34349,GPO
NAIROBI

Ref: No. PDPHS/NRB/R.1//VOL.1/

4TH APRIL, 2010

TO ALL DMOHs
NAIROBI.

RE: FRANCIS KAMUNYU THIONGO – REG. NO. P56/7513/2006

The bearer of this letter is a Master of Science in Information Systems degree course at the University of Nairobi.

As part fulfillment of his degree, he is undertaking a research project entitled 'Framework for Electronic Public Health Management Information System'. He has chosen a number of facilities in Nairobi province as per the attached list. This exercise will last two months May – June, 2010.

The purpose of this letter is to request you to support his study.

DR. S. OCHOLA
PROVINCIAL DIRECTOR OF PUBLIC HEALTH & SANITATION- NAIROBI

C.C.

-Medical officer of Health
City Council of Nairobi

Printed by Books on Demand GmbH, Norderstedt / Germany